BLOODY MARIES

KILLER FOR ONE

Krimis aus dem Land, wo
Blut und Äppelwoi fließen ...

Roxana Ené

Fritz M. Grün

Rita Hausen

Tanja Konopka

Ingrid Reidel

Chris Silberer

crimetime

Frauen morden anders – Frauen schreiben anders

Wenn es um die Figur oder die Geliebte des Ehemannes geht, kennen Frauen keine Gnade. Aber auch gedemütigte Männer sind unberechenbar!

Am Tatort Schreibtisch tun sich menschliche Abgründe auf; es gibt aber auch viel Raum für Selbstironie und Situationskomik. Und manchmal geht die Liebe zum Schreiben durch den Magen. Den Krimis haben unsere mörderischen Damen deshalb ein passendes Rezept beigefügt.

Achtung: Für die Ungiftigkeit der Gerichte übernehmen wir keine Verantwortung!

TATORT
SCHREIB
TISCH

Deutsche Erstausgabe
Veröffentlicht im
crimetime-Verlag Silberer-Klein
Sossenheimer Weg 60
D-65824 Schwalbach
Deutschland
September 2017

Umschlaggestaltung und Satz: Ingrid Reidel
Titel-Fotografie: Rouven Markovic und Fotostudio Fischer
Illustrationen: Roxana Ené
Druck: BookPress
Gedruckt auf chlorfrei gebleichtem Papier

ISBN 978-3-9813749-6-4

Inhaltsverzeichnis

KÜCHENSCHLACHT

Chris Silberer

Wenn man heutzutage den Fernseher anschaltet, kann man den Eindruck gewinnen, dass jeder nur wissen will, wer der Beste in irgendeiner Disziplin ist. Da Singen, Modeln oder einarmiges Sackhüpfen auf die Dauer langweilig werden, gibt es jetzt Kochen am laufenden Band. Auch hier besonders beliebt das Format, in dem mit regelrechten Ausscheidungskämpfen die besten Hobbyköche ermittelt werden, unterstützt von der Crème de la Crème deutschsprachiger Spitzenköchinnen und Spitzenköchen, die die ausgetragenen Kochkämpfe der Kandidaten moderieren und abwechselnd als Juror auftreten.

Mancher mag den Erfolg dieser Kochsendung auf das Durchschnittsalter der Zuschauer des öffentlichrechtlichen Senders schieben, das deutlich bei „Ü 40" liegt (Essen ist ja angeblich der Sex des Alters!). Neuesten Erhebungen zu Folge sind es aber auch die umworbenen jüngeren Zielgruppen, die an dem großen Fressen teilhaben wollen. Ein gelungener Kandidaten-Mix ist also einer der Erfolgsparameter besagter Koch-Show, die fast täglich über die Mattscheiben flimmert. Frei nach dem Motto „Gut gekupfert ist besser als schlecht selbst gemacht“ will sich der neue TV-Sender „HesseFirst“ diesen Erfolg zu Nutze machen und veranstaltet eine Küchenschlacht mit ausschließlich hessischen Gerichten, die im Prinzip ganz ähnlich funktioniert. Um keine juristischen Probleme zu riskieren, heißt die Sendung vorsichtshalber „Hesseküche-Roulette“.

Im Eingangs-Trailer fliegen ein Kochlöffel und ein Revolver dynamisch ins Bild und vereinen sich auf einem Teller zu einem gekreuzten Signet, untermalt von spannungserzeugender Krimimusik. Es war ein Glücksfall, dass man für das vielversprechende Fressformat den regionalen Sterne- und Fernsehkoch, Marco Hirsch, gewinnen konnte. Er ist es auch, der die Gerichte beurteilen und somit täglich einen Kandidaten abschießen soll. Dass dies natürlich nicht in Form eines Revolvers, sondern mit einem Original Frankfurter Kranz passieren soll, der dem unterlegenen Kandidaten ins Gesicht geworfen wird oder auf den Kopf fällt, verspricht quotenwirksame Schadenfreude.

Sehr praktisch für den Sender erweist sich, dass kostengünstig im Frankfurter Küchenstudio des Kochexperten gedreht werden kann. Das Pilotprojekt findet unter der Leitung von Christian Speier, ebenfalls ein bekannter Spitzenkoch, statt: Er wird als Moderator und Ratgeber-Profi fungieren.

Am ersten Tag kochen drei Kandidaten aus Hessen ihre persönlichen Leibgerichte. Tag 2, der beim Pilotprojekt auch gleichzeitig das Finale ist, steht unter dem Motto „Hessen-Tapas“. Nach 35 Minuten müssen alle Gerichte fertig auf dem runden Tisch mit den verschieden farbigen Sets stehen. Für die drei Kandidaten also eine echte Herausforderung!

Der Drehtag beginnt zäh. Alles wuselt durcheinander, die drei Kandidaten stehen grundsätzlich im Weg. Es dauert ewig, bis der ganze Kabelsalat verlegt ist, die drei Kochstellen fertig sind und auch die jeweiligen Zutaten dekorativ und griffbereit parat stehen. Natürlich darf auch die kleine Schiefertafel mit dem Namen der Kandidaten nicht fehlen.

„Küchen-Roulette, die 5.“, verkündet der Aufnahmeleiter. Die Einstellungen davor waren lediglich zum Einleuchten und um das probe-applaudierende Life-Publikum aufzunehmen. Da es eine Aufzeichnung ist, können die Hhhmmm-Szenen und das Klatschen auch noch später eingespielt werden. Die Begrüßung durch den Moderator ist schon im Kasten. Jetzt steht Christian Speier am ersten Kochfeld der weißen Hochglanzküche.

„Kamera läuft …“

„Unser erster Kandidat kommt aus Nordhessen“, startet Speier. „Georg Werfel, ist 62 Jahre alt und in Nidda zu Hause. Schorsch, wir freuen uns, dass du zu uns gekommen bist. Sag uns doch mal, was du heute für uns als Leibgericht kochen wirst.“

„Ei, Grüne Soß an Dreierlei vom Ei“, sagt der stattliche Mann mit Halbglatze und Küchenschürze im blau-grauen Bembelmuster.

„Also ein Klassiker der hessischen Küche, aber, wie es sich anhört, trotzdem mal ganz anders. Und wie bereitet man ein Ei auf drei verschiedene Arten zu?“

„Ei, gekocht und pochiert, und des Perlhuhnei brat ich als Spischelei.“

„Aahh, und hier stehen ja auch schon die Kräuter für die Grüne Soße. Kannst du sie uns mal kurz aufzählen?“

Schorsch räuspert sich. „Ei, Petersilie, Sauerampfer, Schnittlauch, Kerbel, Borretsch, Pimpinelle und Kresse. Des schneid isch in schee klaane Schnibbelsche. Mixer geht gar nicht! Des is nur was für Faulenza.“ Für einen Nordhessen hat Schorsch schon sehr viel gesagt. Er fängt an zu schneiden, damit auch der Moderator weiß, dass er jetzt keine Zeit mehr zum „Babble“ hat. Die Kamera fängt noch ein, wie er mit seinem Edelstahlmesser die sieben Kräuter bearbeitet, bevor sie zum nächsten Kandidaten bzw. zur nächsten Kandidatin schwenkt.

„Michaela, Du bis 22 Jahre alt und kommst aus Schwalbach“, stellt sie der Moderator vor, „und Du hast ein ganz besonderes Hobby …“

„Ja, ich bin bei den Pinguinen der Garde“, bestätigt die etwas stämmige junge Hessin fröhlich und zeigt ein Panoramalächeln.

„Jetzt kurz vor Fasnacht hast du sicher jede Menge Auftritte. Schön, dass du dir trotzdem die Zeit genommen hast, bei unserem Hesseküche-Roulette mit zu machen. Welches Leibgericht wirst du uns denn heute zaubern?“

Michaela wirft die blonden Locken in den Nacken, spitzt etwas den Munde und legt los: „Also ich mach‘ nordhessisches Bullensteak an Schwarzwurzeln und Süßkartoffel-Pommes.“

Der Applaus vom Publikum kommt prompt und auch der Moderator meint, dass das vielversprechend klingt! „Kommen wir zu Nils Hofmeister. Nils, du wohnst in Offenbach, bist 32 Jahre alt und Realschullehrer.“ Die Kamera fängt bereits ein, wie Kandidat 3 kleine Fleischstückchen und ein paar bunte Gemüse-Juliennestreifen in einer Kasserolle wendet. „Was hast du denn auf der Pfanne?“

Nils lächelt charmant ob der doppelsinnigen Bemerkung und macht in Hemd und Jeans eine gute

Figur. Sicher ist er der Schwarm sämtlicher Mädchen an seiner Schule. „Hier schwenke ich Stücke von der Hähnchenbrust, die ich für mein Coq au Apfelwein vorbereite."

„Und dazu willst du ein selbst gebackenes Dinkelbrötchen servieren. Schaffst du das in der vorgegebenen Zeit denn überhaupt?"

Nils sieht zuversichtlich aus. „Der Teig ist schon fertig. Kommt gleich in den Ofen. Erst muss ich aber das Fleisch ablöschen." Kamerawirksam schüttet er ordentlich Apfelwein in den Topf, wobei er die Flasche geschickt so hält, dass der Name des Produzenten gut sichtbar ist. Es zischt und brodelt. „O.K., Nils, ich sehe: läuft bei dir. Dann noch schnell das Brötchen fertig machen und ab in den Ofen!"

Die Kamera fängt immer wieder die einzelnen Kochschritte der Kandidaten ein. Manchmal gibt Speier, der selbst ein Sternelokal im Frankfurter Westend betreibt, auch noch ein paar Profi-Tipps, aber die Kandidaten scheinen auch so zu wissen, was sie tun. Der Countdown läuft. „Noch 5 Minuten. Also ranhalten!", mahnt Speier, während er in die Hände klatscht und versucht, zusätzlich Spannung aufzubauen. Im Hintergrund tickt eine Uhr.

„Jetzt bitte anrichten, meine Herrschaften! Die Herde werden gleich ausgeschaltet. Denkt daran, das Auge isst mit!"

Schorsch legt einen Zahn zu. Die anderen Kandidaten machen einen auf „cool“. Wenn sie nicht fertig werden, wird die Szene halt noch einmal aufgenommen, so dass sie recht relaxed ihre Leibgerichte auf die Teller drapieren. Das war vorher so besprochen. Michaela entfernt mit einem sauberen Küchentuch noch kleine Fettspritzer von ihrem Teller. Dann stellt sie ihn als Letzte neben das „Dreierlei vom Ei“ und das „Coq au Apfelwein“ auf den Jurorentisch. Kamera auf Michael Speier: „Wir freuen uns, dass wir heute einen ganz besonderen Juror bei uns haben: Heißen Sie mit mir Marco Hirsch willkommen!“

Frenetischer Applaus, soweit das bei rund zehn Personen möglich ist. Eine Lichtgestalt tritt aus der von hinten angestrahlten Milchglastür, und Marco Hirsch im weißen Edel-Kochdress führt sich auf, als ginge er direkt in den Boxring. Stattdessen nimmt er an dem runden Tisch Platz und lässt die drehbare Tischplatte einmal im Kreis rotieren. „Da wolle ma doch mal gugge, was Ihr da ooogerichtet habt.“ Hirsch gibt sich gern als hessisches Original, obwohl er nachweislich in Bielefeld geboren und erst später nach Heddernheim umgezogen ist. Aber sein Dialekt verweist eindeutig auf Frankfurter Schlappmaul, mit Hochdeutsch und Englisch gepaart, was in bestimmten Kreisen sehr angesagt ist und man schon von seinen diversen Kochsendungen her kennt. „Hinglisch“ könnte man die Mischung auch nennen. Die Tischplatte bleibt bei dem grünen Teller stehen, und der Spitzenkoch nimmt sich als erstes den Coq au Apfelwein vor. „Oh, neudeutsche Küche“, lobt Marco Hirsch. Er angelt sich mit Gabel und ausgestelltem kleinen Finger ein Bruststückchen und schneidet es an. „Ja, Garpunkt geradezu perfekt. Wirklich butterweich.“

Sein Lob wird von einem begeisterten „Hhhhmmm“ aus dem Publikum begleitet. „Die Soße dazu hat durch den Äppelwoi eine schöne Säure, mit den Karotten- und Sellerie-Julienne eine perfekte Aromastruktur. Wollt Ihr mal probieren?“, fragt er ins Publikum und hält einer jungen Zuschauerin, die ganz in seiner Nähe sitzt, eine Gabel mit einem Fleischstückchen hin. „Na, wie schmeckt es?“

Die etwas unscheinbare Studentin, die mit der Statistenrolle ihr Bafög aufbessert, nickt erst mit vollem Mund. Dann meint sie: „Ja, sehr lecker!“

„Nicht nur lecker, sieht auch gut aus, was bei diesem Gericht nicht immer einfach ist. Ein toller Start! Schauen wir mal, wie es weitergeht …“

Applaus durch das Publikum. Der Starkoch mit der blonden Kurzhaarfrisur wendet sich dem Bullensteak auf dem rosa Set zu, das adrett aufgeschnitten neben den Schwarzwurzeln und den gelborangen Süßkartoffel-Fritten auf einem länglichen Teller liegt.

„Noch blutig, aber perfekter Garpunkt." Hirsch hält das Fleisch mit der Gabel dem Kameramann entgegen, damit der für seine Nahaufnahme eine bessere Perspektive hat. Er schneidet sich ein Stückchen ab und führt den Bissen zum Mund, gefolgt von dem obligatorischen „Hhhhmmm" aus dem Publikum. „Schmeckt toll! Wirklich schöne Röstaromen oder wie der Frankfurter sagt: mit Schmackes angebrate. Bissii naggisch, so ganz ohne Sooß, muss ich sagen. Aber dafür gibt's ja en Dipp für die Schwarzwurzeln." Er taucht eine Pommes in das kleine Schüsselchen mit Soße. „Ja, doch, ein echtes Leibgericht, so richtig was für große hessische Jungs!"
Begeisterter Applaus.

Hirsch dreht die Tischplatte weiter und landet bei dem Steingutteller auf dem blauen Tellerset. „Goethes Grie Soß' an Dreierlei Ei und Pellkartöffelche", liest er laut von der Menükarte ab. „Ein sogenannter Klassiker, wobei es die Grie Soß' zu Goethes Zeiten angeblich noch gar nicht gegeben hat." Hirsch feixt und lacht über seinen eigenen Witz. „Also nix mit Goethes Leibgericht! Aber was soll's … grie isch grie. Wobei sie schon ä bissiii grasig aussieht." Er probiert und probiert. „Und auch so schmeckt."

Schorsch ist bei Hirschs Worten puderrot angelaufen und beobachtet jetzt fast regungslos und mit großen

Augen, wie der Starkoch das durchgeschnittene harte Ei begutachtet. „Das erste Ei, schee gelb, noch wachsweich, also handwerklich gut." Dann zerschneidet er gnadenlos das pochierte Ei und macht ein bedenkliches Gesicht. „Leider ist der Garpunkt hier leicht überschritten. Das Eigelb müsste noch flüssiger sein. Aber hart ist hart. Da kann man jetzt nix mer ännern! Das kleine Schpieschelei vom Perlhuhn is aber goldisch." Hirsch dreht erneut die Tischplatte, als wäre sie tatsächlich eine Roulettescheibe im Spielcasino, und wartet bis sie wieder stehen bleibt.

„Also, des Hinkelche in Äppelwoi is bei mir die Nummer eins." Er nimmt die Menükarte und legt sie demonstrativ in die Mitte. „Number Two ist das Bullesteak." Hirsch wechselt mühelos zwischen Hochdeutsch, Englisch und Hessisch. Auch Michaelas Kärtchen landet in der Mitte, weshalb sie gleich diesem Nils um den Hals fällt und auch den Moderator umarmt. „Und verabschieden müssen wir uns leider von Kandidat drei mit Dreierlei Ei - mei Gott des reimt sich au noch!"

Im gleichen Moment fällt der Frankfurter Kranz dem Schorsch von oben auf die Halbglatze. Und obwohl ihm von der Redaktionsassistentin vorher gesagt wurde, dass dies passieren könne, kommt er sich jetzt vor wie ein Dilldabb, was auf Hochdeutsch Volltrottel oder begossener Pudel heißt. Da hilft auch nicht, dass der Kranz vom besten Frankfurter Bäcker kommt und sicher gut schmeckt.

Am Tag darauf …
Hirschs flinke Küchenassistentin und Food-Stylistin Evi schließt schon früh das Studio auf, um rechtzeitig vor der Ankunft des Drehteams die Spuren vom gestrigen Drehtag zu beseitigen und alles für das heutige Kochfinale herzurichten. Sie stellt den Korb mit dem frischen Obst und Gemüse aus der Kleinmarkthalle auf den Tresen. Während sie die diversen Tüten mit den Zutaten für die Hessen-Tapas neben sich stellt, fällt ihr Blick auf den vorderen Zuschauerteil. Evi schreit wie sie seit ihrer Geburt nicht mehr geschrien hat. Denn dort liegt zwischen all den Kabeln Marco Hirsch leblos am Boden. Eine grüne Lache um den Kopf und ein Messer in der Brust, das im weißen Kochkittel hässliche rote Flecke verursacht hat.

***

„Ei Guude wie?“, begrüßt Karl Klinger seinen alten Bekannten von der Spusi, eine Floskel, die im Hessenland heute eher durch „Läuft bei Dir?“ ersetzt wird. Aber der Frankfurter Kommissar ist bekennender Hesse und mit seinen 53 Jahren auch schon zu alt für so neumodisches Zeugs. Klinger geht relaxed zu der Leiche, und eigentlich hätte es auch keinen seiner Kollegen gewundert, wenn der Frankfurter Kommissar auch das Opfer mit „Ei Doode wie?" begrüßt hätte. Er schaut sie von allen Seiten an, als würde er sich tatsächlich um das Befinden des Toten sorgen. Er registriert nickend das Messer in der Brust des Sternekochs, dann die grüne Flüssigkeit um den Kopf des Toten. Jetzt kniet er hin und sieht tief in die toten Augen, als könnte er an ihnen den Tathergang ablesen. Plötzlich taucht Klinger den Zeigefinger in das grüne Etwas, und seine Kollegen schauen fassungslos zu, wie er den Finger in den Mund steckt. „Dacht' ich's doch: Griie Sooos", sagt er, nachdem er in die einzige Palme im Kochstudio gespuckt hat. „Aber nicht selbst gemacht!" Und zu den Leuten der Spurensicherung gewandt: „Habt Ihr gedacht, es gibt grünes Blut oder was? Die Prob' für die Analyse habt Ihr doch sicher schon genomme'?"

"Nee, Karl, soweit waren wir noch nicht!", vermeldet sein Spezi Norbert.

„Dann macht mal hinne! Ist vielleicht aus irgendeinem Supermarkt oder Geschäft in der Nähe. Stellt fest aus welchem!"

„Da bräuchten wir aber Vergleichsproben.
Also von uns kann jetzt keiner weg."

„O.k., ich kümmere mich darum. Heute Mittag könnt Ihr sie haben. Wer hat die Leich gefunden?"

„Die Putzfrau. Sollte wohl sauber machen für so eine Kochsendung. Das Fernsehteam war gestern schon hier. Einer von denen hat mich doch tatsächlich gefragt, ob sie heute noch drehen können!“

„Ja, was glaubt der wohl? Das ist schließlich ein Tatort! Aber vielleicht kann er ja was zum Tathergang sagen. Also holt ihn mal bei!“

„Wir haben die alle in das ‚Schawellche‘ gegenüber geschickt. Hatte zum Glück schon offen.“

In diesem Moment taucht das komplette Kamera-Team von HesseFirst auf und nimmt den Tatort ins Visier. Auch wenn der Kommissar „Raus!“ brüllt und vor Wut fast platzt, haben sie die wichtigsten Szenen im Kasten und direkt an den Sender geschickt. Die Anweisung kam vom Chefredakteur. Als Kommunikationsprofi hat er die Chance sofort erkannt. Zwar war nach dem Tod des Jurors das Finale der neuen Kochshow geplatzt, dafür ist so etwas doch eine 1a Publicity-Chance für den Sender. HesseFirst würde seinem Namen alle Ehre machen und als erster life vom Tatort eines Mordes berichten. Bilder mit und ohne Leiche sowie tobendem Kommissar, die andere Sender nur zu gerne übernehmen würden. Und das hieß noch zusätzlich Kohle. Ob sich allerdings nochmals Spitzenköche als Juroren für das „Hesseküche-Roulette“ verpflichten lassen würden, könnte nach diesen Bildern schwierig werden.

„Das hat noch ein Nachspiel!“, ruft Klinger den Kameraleuten nach. „Ich erwarte Sie alle in einer Stunde im Polizeipräsidium!“ Dann zieht er seine Gummihandschuhe aus und verlässt wütend den Ort des Geschehens. Zunächst muss der Kommissar aber rüber ins „Schawellche“, um die Aussagen der dort wartenden Zeugen aufzunehmen. Hellhörig wird Klinger bei der Aussage der weiblichen Kandidatin, die es ins Finale geschafft hat. Michaela, die Pinguin-Elfe mit den strammen Oberschenkeln und auch sonst recht weiblichen Formen, erzählt von dem Ablauf der Show und dass der ausgeschiedene Kandidat gestern sicher nicht gut auf Marco Hirsch zu sprechen war, weil er seine Grüne Soße so madig gemacht hat.

„Aha!“, kommentiert der Kommissar und misst der grünen Lache um den Kopf des Opfers schlagartig eine neue Bedeutung bei. Nils, der Realschullehrer aus Offenbach, bestätigt zwar die Aussage seiner Mitstreiterin, hält sich aber zurück. Er scheint immer noch geschockt zu sein. Und auch der Regisseur will niemanden voreilig beschuldigen und eigentlich nur so schnell wie möglich weg von hier.

Im Kommissariat schaut sich Klinger die Folge des „Hesseküche-Roulettes“ vom Vortag an. Die Vernehmung der Kameraleute, die mittlerweile eingetroffen sind, überlässt er seinen Kollegen mit dem

Hinweis, sie ruhig ein bisschen warten zu lassen. Die Szene mit Marco Hirsch bei der Beurteilung von Kandidat 3 wiederholt Klinger einige Male und spult immer wieder hin und her. Eine gewisse Wut auf den Juror ist bei diesem Schorsch auf jeden Fall zu erkennen. In der Nahaufnahme sieht man deutlich, wie Kandidat 3 innerlich kocht. Aber deswegen einen Mann umbringen? Und zwar nicht im Affekt, denn der Mord musste zwischen 23 Uhr und Mitternacht passiert sein, wie der Gerichtsmediziner es vorläufig einschätzte. Dieser Schorsch hätte also nochmals zurück ins Kochstudio kommen müssen, um Marco Hirsch zur Rede zu stellen und umzubringen. Trotzdem ist Georg Werfel alias Schorsch die erste Spur und damit ein Verdächtiger. Mit einem Polizeiwagen wird er von zwei Uniformierten in seinem umgebauten Bauernhaus in Nidda abgeholt und ins Polizeipräsidium an der Miquelallee in Frankfurt gebracht.

Die erkennungsdienstliche Erfassung gefällt dem alten Grantler überhaupt nicht. Nur mürrisch lässt Werfel die Fotos von vorn und im Profil sowie die Abdrücke aller zehn Finger über sich ergehen. Bei der Vernehmung zeigt sich, was nordhessische Sturheit und Einsilbigkeit wirklich bedeutet. Mühsam muss ihm Klinger aus der Nase ziehen, wo er sich zur Tatzeit aufgehalten hat. Werfel behauptet nach dem ganzen „Affetheater“, sofort den Heimweg angetreten und sein Haus nicht mehr verlassen zu haben. Da der alte Bauernhof, wo er seit seiner Scheidung lebt, etwas abgelegen ist, kann er keine Zeugen, die ihn gesehen haben, benennen.

„Ihr braucht doch nur ein paar Löffel zur Analyse. Also nehmt die Probe, und den Rest nehm ich wieder mit", sagt Klinger zu dem irritierten jungen Mitarbeiter in der KTU. „Eier habe ich schon genügend besorgt. Ihr seid auch eingeladen! Morgen, 16.00 Uhr, bei uns im Kommissariat. Also haltet Euch ran!"

Am nächsten Tag liegen die Ergebnisse der kriminaltechnischen Untersuchung vor. Sie werden verlesen, während alle gemeinsam die harten Eier aus den bunten Schalen pellen und sie mit den Resten der Grünen Soße vertilgen.

„Also, die Analyse ergab Folgendes", verkündet Spusi-Norbert und fährt sich nochmals über den Mund, um die letzten Eikrümel zu beseitigen. „Erstens: Die Grüne Soße, die man beim Toten gefunden hatte, stammt nicht vom Tegut (wobei er den Namen französisch ausspricht und ‚Teschüt' sagt), auch nicht von dem Spezialitätengeschäft in der Parallelstraße, sondern vom REWE. Aufgrund der Mischung und Zusammenstellung eindeutig festgestellt."

Ein wortloses Raunen geht durch das Besprechungszimmer. Mehr ist mit vollem Mund nicht möglich.

„Zweitens", fährt der KTU-Mann fort. „Die Fasern unter den Fingernägeln des Toten weisen auf einen blauen Kaschmirpulli oder -schal hin. Und drittens: Georg Werfels Fingerabdrücke wurden auf der Tatwaffe eindeutig identifiziert."

„Mensch, Nobi, warum sagst du das nicht gleich!", schimpft Klinger mit halb vollem Mund.

Wenn es sich auch nur um einen Teilabdruck des Daumens und des Mittelfingers von Werfel handelt, ist jetzt klar, dass das prominente Opfer mit dem Kräutermesser von Kandidat 3 erstochen worden ist, dem Messer, das er während der Sendung benutzt hat. Werfel wird wieder von einem Streifenwagen abgeholt und nochmals von Klinger höchstpersönlich in die Mangel genommen. Aber dieser Schorsch streitet alles ab und beteuert immer wieder seine Unschuld. Machen sie am Anfang ja alle. Aufgrund der belastenden Fingerabdrücke und des fehlenden Alibis wird er in Untersuchungshaft genommen.

„Dann ist der Fall doch geklärt", meint Norbert zu Karl, als er ihm am nächsten Tag mit einem Kaffee in der Hand auf dem Gang begegnet. „Ma waas es net", meint der Kommissar und dreht unschlüssig seine Hand. „Geld und Liebe, das sind für mich zwingende Motive. Manchmal auch Rache. Aber reicht eine öffentliche Verunglimpfung einer Grünen Soße, um den Juror gleich abzumurksen? Zumal, wenn es sich um einen Nordhessen handelt, der sich mal kurz granatenmäßig ‚uffreege' kann, aber eigentlich nicht aus der Ruhe zu bringen ist. Außerdem lag das Messer nach dem Dreh offen herum. Auch ein anderer – oder eine andere – hätte es nehmen und den Hirsch damit erstechen können. Das ist vor Gericht auf jeden Fall ein Schwachpunkt. Ich fürchte, wir müssen da noch weiter recherchieren. Irgendetwas müssen wir übersehen haben."

Die Ermittlungen gehen also weiter. Marco Hirschs Umfeld und Computer werden durchforstet. Es scheint, dass Hirsch mehr dem männlichen Geschlecht zugetan war, es gibt jedoch keine konkreten Anhaltspunkte für Feinde, die ihm nach dem Leben trachteten. Klinger ordnet an, dass Werfels Foto den Mitarbeitern bei REWE um die Ecke des Kochstudios gezeigt wird. Vielleicht kann man ihn so überführen. Aber keiner kann sich an den Mann erinnern. Auch die Fotos der anderen Kandidaten und der Filmleute sagen ihnen nichts. Die Aktion bleibt also ergebnislos. Erst als der Kommissar das gleiche Spielchen bei REWE in Offenbach, unweit von Hirschs schicker Altbauwohnung, durchführt, gibt es eine Überraschung:

„Des is doch der Freund vom Hirsch!", kommentiert die Kassiererin und deutet auf das Foto von Kandidat 2. „Kann schon sein, dass der Grüne Soße bei mir bezahlt hat. Aber das kann ich jetzt wirklich nicht mit Bestimmtheit sagen. Die läuft bei mir ja dauernd übers Band."

Man findet in Nils Hofmeisters Wohnung zwar nicht den Kassenzettel für die Grüne Soße. Dafür aber den blauen Kaschmir-Pullover, der ihn überführt. Der Freund und Liebhaber des Fernsehkochs war nach den Fernsehaufnahmen ahnungslos schon mal in Hirschs Wohnung vorgegangen, weil er ihn überraschen wollte. Dort hatte er einen handgeschriebenen Brief von Marco Hirsch an einen neuen Lover entdeckt. Darin schrieb er neben schwülstigen Liebesbeteuerungen, die Nils verdammt bekannt vorkamen, dass er ihn nach dem Hesseküche-Roulette verlassen würde. Offensichtlich hatte Hirsch Nils Hofmeister als Kandidat bei der Show untergebracht und wollte jetzt den Ablauf nicht stören.

„Dass ihn Hirsch abservieren wollte und das glamouröse Leben an seiner Seite ein Ende haben würde, das konnte dieser Hofmeister anscheinend nicht ertragen", sagt Klinger bei der Abschlussbesprechung des Falls.

„Außerdem gibt es eine Lebensversicherung, die auf den Realschullehrer läuft. Ich untersuche das gerade", meldet sich Sven, der neue Mitarbeiter aus Norddeutschland.

„Wie auch immer", fährt Klinger, der sich ungern

unterbrechen lässt, fort. „So betrogen und hintergangen, schmiedete Nils Hofmeister einen mörderischen Plan. Er kehrte ins Kochstudio zurück und hat seinen Geliebten zur Rede gestellt und getötet. Und um den Verdacht auf einen anderen zu lenken, kam ihm der Eklat bei dem Küchen-Roulette am gleichen Tag gerade Recht, zumal die Kochutensilien alle noch ungereinigt in der Fernsehküche herumlagen."

„Auf Handlung im Affekt kann er aber nicht pochen", gibt Kollege Sven zu bedenken. „Mit dem Kauf der Grünen Soße in Offenbach ist das Heimtücke und ein kaltblütig geplanter Mord."

„Das ist dann Sache des Gerichts. Aber hab ich's nicht gesagt?" Klinger sieht triumphierend in die Runde. „Geld oder Liebe! Das sind die Motive.

Apropos: Manchmal geht Liebe ja auch durch den Magen. Der Werfel Schorsch war so dankbar, dass wir den richtigen Mörder entlarvt haben, dass er uns einen großen Picknickkorb mit Landeiern, Rindfleisch und selbstgemachter Grie Soß geschickt hat."

„Läuft das nicht unter Bestechung?", fragt ganz unpassend der Neue.

„Grie Soß ist im Hesseland keine Bestechung, sondern eine kulinarische Notwendigkeit. Also, meine Damen und Herren, in zehn Minuten bei mir im Büro!"

Grüne Soße – Goethes Leibgericht

für 4 Personen

Zutaten

Petersilie
Sauerampfer
Schnittlauch
Kerbel
Borretsch
Pimpinelle
Kresse
1 Eßl. Öl
3 Eßl. Zitronensaft
Salz, Pfeffer
4 kleine Becher Sauerrahm und/oder Joghurt
1 Eßl. Senf
1 Zwiebel

Zubereitung

Die Kräuter (am besten nehmen Sie eine fertige Kräutermischung „Grüne Soße“ vom Markt) waschen und von Hand oder im Mixer klein hacken. Nach und nach das Öl, den Senf und den Sauerrahm dazu geben. Alle Zutaten gut vermischen, gewürfelte Zwiebel und Gewürzgurke sowie die zerkleinerten hart gekochten Eier unterheben. Gut mit Salz, Pfeffer und Zitronensaft abschmecken – fertig ist die grüne Soße.

Man reicht die hessische Spezialität zu halbierten harten Eiern oder gekochtem Rindfleisch.

DIE ROTWEINPROBE

Ingrid Reidel

Schon lange hatte ich den ganzen Weihnachtsrummel satt. Insbesondere diese schrecklichen Weihnachtsessen mit der Großfamilie meiner Frau, die an Heiligabend zu uns kam, um sich kostenlos ihre Bäuche vollzustopfen, hingen mir zum Halse heraus. Ich sah sie im Geiste schon wieder vor mir: Tantchen Berta, die kleine nervige Quasselstrippe aus dem Odenwald, nebst dem versoffenen dicken Otto mit Jaqueline, seiner Tochter aus erster Ehe. Meine Base Martha, Tante Babett, die Betschwester, die noch nie einen Mann gesehen hatte, und dann Gertrude, die Witwe meines Bruders. Des Weiteren unsere zwei Kinder, Erika und Elmar mit Kindeskindern, unsere Enkel Kevin, Mariele und Gina-Janette. Nebenbei Vetter Michel mit seinem verwöhnten Drahthaardackel Jockel, eine Art Staubsauger für die heruntergefallenen Reste unter dem Tisch. Und ganz zum Schluss meine schon etwas senil und inkontinent gewordene Mutter.

Kurzum: Ich hasste den ganzen blödsinnigen Firlefanz – und ich hasste meine Frau! Nein, ich liebte sie einfach nicht mehr. Ich weiß, es klingt boshaft, aber dieses Mal wollte ich endlich die Katze aus dem Sack lassen. Ich würde Valerie vorstellen, meine Geliebte, mit der ich nach Weihnachten auswandern wollte.

Um uns das zu ermöglichen, sollte meine Altersversorgung, drei seltene und äußerst wertvolle 12 Liter Balthazarflaschen Château Margaux, Grand Cru Classé, auf den Kopf gehauen werden. Ich hatte vor einigen Jahren mein ganzes Vermögen, das ich allein durch meiner Hände Arbeit angehäuft hatte, in etwas Wertbeständiges, nämlich Rotwein der Extraklasse, umgesetzt und meinen Schatz heimlich im Kohlekeller gebunkert. Fünfhunderttausend Euro, eine halbe Million!

Was konnte man damit nicht alles Schönes machen? Das hatte ich mich zehn lange Jahre gefragt. Und nun, nachdem ich meine hübsche Geliebte kennengelernt hatte, war ich am Ende meines Grübelns angekommen. Mein Entschluss stand fest: Ich würde hier alle Zelte abbrechen und mit Valerie für immer aus Deutschland wegziehen. Nach Rumänien oder Bulgarien oder irgendwohin, wo der Erlös meines Schatzes für den Rest meines Lebens und das von Valerie reichen würde.

Dazu hatte ich vor, in den nächsten Tagen mein hochprozentiges, purpurnes Gold in eine flüssige Barschaft umzuwandeln, die ich ohne Umstände mitnehmen konnte, wohin es uns auch immer verschlug.

Um die Sache etwas spannender zu machen, sann ich darauf, die Bombe erst später beim gemütlichen Zusammensein platzen zu lassen (Ja, das hatte etwas mit meinen jahrelang aufgebauten Rachegefühlen gegenüber meiner ach so lieben Verwandtschaft zu tun. Zeitweise konnte ich die „Achs“ und „Tolls“ nicht mehr hören. „Ach, was habt ihr für ein tolles Haus, auch noch direkt am teuren Mainufer, und toll, so wohlgeratene Kinder). Es war geplant, Valerie direkt zum Nachtisch auftauchen zu lassen. Vorher würden sich noch alle in Friede, Freude, Eierkuchen oder, noch besser der Jahreszeit angepasst, in Lebkuchen wähnen.

Kaum gedacht, klingelte es schon an der Haustür, und die ganze ungeliebte Gesellschaft polterte herein. Tante Babett, natürlich mit der Bibel unter dem Arm, war die Erste, die es nicht erwarten konnte, den Festtagstisch zu sehen. Als Zweite Berta, die den fetten Otto hinter sich herschleppte, von dem ich dachte, dass er noch einmal zwanzig Kilo zugenommen hätte. Das konnte ja heiter werden, wenn der einen solchen Appetit hatte, urteilte ich verärgert. An seinem anderen Arm hing diese unsägliche Jaqueline, die immer rief: „Wat schön hier.“ Und manchmal hatte ich das Gefühl, dass sie mehr war als seine heiß geliebte Ziehtochter. Es lag wohl daran, dass er sie heimlich in den Po zwickte, als er sie vor sich über die Stufen schob. Aber es war mir egal, wie mir alles egal war heute Abend.

Gertrude, die alte Witwe, die unsere Kinder immer das „Tantchen" nannten, war wie die Jahre zuvor in einer Art Nonnentracht gekleidet, die an ihr hing wie ein schwarzer Sack und unsere Tochter Erika hatte Mühe, die Kinder vom vorzeitigen Plündern des Weihnachtsbaumes abzuhalten. Zu guter Letzt betraten unser Sohn Elmar, Vetter Michel mit dem bissigen Jockel, der einen solch verschlagenen Blick aus seinen dunklen Hundeaugen hatte, dass einem Angst und Bang wurde, und Mutter am Stock die gute Stube.

Während ich nach und nach missgelaunt die ganze Blase an der Haustür willkommen hieß und sie der Reihe nach auf unser teures Rolf Benz Sofa setzte, wurstelte meine Frau mit Schweißperlen auf der Stirn in der Küche herum. Mit einem Auge beobachtete ich, wie sie einen riesigen Topf auf das Feuer stellte, und ich fühlte, wie mir der Zorn den Atem raubte. Ich wollte einfach nicht verstehen, warum wir die ganze Bagage immer über Gebühr durchfüttern mussten. Aber meine Frau bestand jedes Mal darauf. Überhaupt wollte sie für die nichtsnutzige Verwandtschaft immer alles perfekt haben. Wenn ich nur an die aufwändige Weihnachtsbeleuchtung denke! Überall

Tausende von Lichtern mit kitschigen rosa, blauen und anderen bunten Stromfresserchen. Ja, das mit Louise ging schon lange nicht mehr gut. Sie verlangte zum Beispiel von mir, dass ich mich beim Urinieren auf die Toilette setzte, während sie gleichzeitig erwartete, dass ich im Bett meinen Mann stand. Ich war verwirrt. Und dann kann ich auch nicht eine Frau begatten, die ein Bäuchlein hat. Mein kleines angegrautes Hängebauchschweinchen fraß sich satt und schob es einfach auf ihre drei Schwangerschaften. Dabei sehen Heidi Klum und Co. selbst nach dem vierten Kind noch zum Anbeißen aus. Als Nächstes die tiefen Falten im Gesicht meiner angegrauten Hauszierde! Wie ein durchfurchter Acker. Aber obwohl sie mein Vermögen für irgendwelche Cremes ausgab, wurde sie trotzdem nicht wieder das junge Mädchen, das ich einmal kennengelernt hatte.

Und wenn ich schon von Geld rede: Der gierige Hausdrachen verlangte tatsächlich von mir, dass ich ihr fünfhundert Euro für Haushaltsgeld abgab. Aber Moment! Das war mein schwer verdientes Geld, während sie es sich zu Hause mit den Kindern und Mutter gemütlich machte. Das muss man sich einmal vorstellen! Dabei hatte sie in meiner Mutter eine große Hilfe, denn die kannte sich in allen Dingen des täglichen Lebens aus. Ob beim Einkauf, bei der

Hausarbeit, beim Kochen und sogar bei der Mode, wer beriet da meine Frau? Richtig, meine Mutter. Ich sage es ja nicht gerne, aber sogar bei der Zeugung unserer Kinder hatte Mutter Einfluss. Gott sei Dank, denn so bekamen wir immerhin einen Jungen als Stammhalter. Also kein Grund für meine Frau, so zu jammern. Gut, ab und zu musste sie Mutters Bett abziehen, weil Mama etwas in die Jahre gekommen war, das war aber auch der einzige Minuspunkt.

Wenn die Waagschale dermaßen zugunsten meiner Frau ausschlug, war es also nur gerecht, dass ich mir für meine geistreiche Altersversorgung etwas im Keller beiseiteschaffte. Das flüssige Gold war viel besser angelegt als ein Geldvermögen auf der Bank, bei dem heutigen Minuszins. Und zu allem Glück hatte mich auch noch die Muse geküsst. Vor einigen Wochen war ich Valerie begegnet. Noch nie hatte mich jemand zu solchen Höchstleistungen in Sachen Liebe gebracht. Aber ich möchte an dieser Stelle nicht prahlen, um eventuelle männliche Leser nicht in Depressionen zu stürzen. Allein sie schaffte es, dass ich zu einem Dauerbrenner wurde. Mit ihren langen Beinen und ihrem süßen kleinen Po ging es fast wie geschmiert. Und ich dachte schon, es läge an mir, dass mir früher die Manneskraft versagte. Wie einen doch so ein altes Eheweib verschimmeln lässt und körperlich ruiniert. Außerdem muss ich mich bei

Valerie nicht verstellen und darf ganz Mann sein. Ich schwöre, dass ich bis jetzt mit nichts anderem außer meinen Händen Valeries Toilettenbrille berührt habe.

Mittlerweile war die gesamte Sippschaft eingetrudelt und die Weihnachtsfeier in vollem Gang. Tante Berta erzählte die Weihnachtsgeschichte auswendig, weil nach ihrer Auffassung das Auswendigsprechen viel lebendiger wirkt. Und es wirkte lebendig, denn sie verhaspelte sich ständig. Mutter schnäuzte in ihr großes Taschentuch, und ich sah, wie sich auf den Polstern unter ihrem ausladenden Schoß die altersbedingte Undichtigkeit breitmachte. Louise starrte auf den Fleck, ich spürte förmlich ihre Hitzewallungen. Ihr plötzlich wutgerötetes Gesicht und die zusammengekniffenen Lippen sahen hässlich aus. Ich zählte die Minuten, bis meine niedliche Geliebte auftauchen würde. *Oh Valerie, Val, Tal meiner Träume. Sonne meines Herzens und Dompteurin meiner Sinne ...*

Die Zeit verging quälend langsam. Und dann begannen die Kleinen zu flöten, und alle waren begeistert von den süßen Gesichtchen und den hellen, schrägen Tönen. Irgendwann war auch die Bescherung unter dem lamettaschwangeren Tannenbaum vorbei. Ich bekam von meiner Frau einen neuen Koffer geschenkt und fragte mich, ob sie etwas mitbekommen hatte. Aber das konnte gar nicht sein.

Ich hatte Valeries Höschen und die anderen Dinge vorsichtigerweise in meinem Tresor versteckt. Doch ich freute mich irgendwie über das Geschenk, denn es würde auf der Reise mit Valerie gute Dienste leisten. Endlich wurde das Festmahl eingeläutet, und meine Frau dirigierte ihre Gäste an den Esszimmertisch. Berta, die komische Jaqueline, Otto, die Kinder und meine untalentierten Enkel. Zum Schluss meine Mutter, die hilfsbereiterweise mit ihrem Stock die Fransen des Teppichs glättete, über die mein ungeschickter Ehetrampel beim Auftragen des Topfes unbeholfen stolperte. *Oh, Val, Herrin der Nacht und Feuer meiner Lenden, bald ist es soweit, und wir sind für immer zusammen.*

„Was wollt ihr trinken?", durchdrang es meine Gedanken. Ich erkannte die Stimme meiner Frau. „Es gibt Glühwein." Dann schaute sie mich auffordernd an. „Schatz, magst du auch?"

Lächelnd nickte ich. Der Glühwein, den meine Frau mit einer Kelle aus dem großen Topf schöpfte, tat gut. Ich atmete beruhigt aus. Es war sicher nur Fusel, wahrscheinlich vom Aldi, aber immerhin kein teures Kalbsragout oder so etwas Ähnliches, wie ich befürchtet hatte. Aber der Glühwein war selbstgemacht, das schmeckte man. Ich versuchte, die Nuancen auf meiner Zunge herauszufiltern. Samten, so nach altem, gut vergorenem Wein. Der Alkohol wirkte. Es ging sogar so weit, dass ich mich bemühte, ein nichtssagendes Gespräch mit den Tanten anzustimmen, was mir offensichtlich gelang. „Ja", hörte ich Tante Berta zu meiner Mutter sagen. „Peter war schon immer ein reizender Kerl. Und so charmant."

Valerie, oh Val, meine Sünde, meine Seele, wozu hast du mich gemacht?

Mutter schnäuzte sich vor Rührung und markierte auch auf unseren Esszimmerstuhl von Bretz, fünfhundert Euro das Stück. Es war mir egal.

Irgendwann war der Nachtisch abgetragen, doch Valerie kam nicht. Wo steckte sie nur? Keine Spur von ihr! Es wird ihr doch nichts zugestoßen sein? Mich plagte plötzlich ein schlechtes Gewissen. Warum hatte ich ihr überhaupt so eine lange Autofahrt zugemutet? Ein Schluck aus meinem Glühweinglas half, wieder ruhiger zu werden. Der nächste Gang gehörte mir. Es war die Digestifrunde. Tantchen, Berta und der dicke Otto bestanden auf Gin, während Martha, Babett und Mutter Eierlikörchen wünschten. Die Enkel quengelten nach Limonade. Mir selbst war nach einem Schnaps.

Ich torkelte in die Küche, um die jeweiligen Flaschen zu holen. Dabei bemerkte ich etwas Seltsames in der Ecke neben dem Herd stehen. Etwas, das da normalerweise nicht hingehörte. Besser gesagt eine Ansammlung dessen, was da nicht hingehörte. Alkoholbedingt hatte sich ein leichter Schleier über meine Augen gelegt und verhinderte zunächst, dass ich die Konturen klar ausmachen konnte. Deshalb bückte ich mich und nahm einen der Gegenstände auf und versuchte ihn durch den feuchten Schleier vor den Pupillen hindurch zu betrachten. Es gelang mir nur sehr unzulänglich. Ich versuchte, meinen Blick zu schärfen. Nachdem ich einen Schluck aus der Schnapsflasche genommen hatte, klappte es einigermaßen.

Und dann erkannte ich, wenngleich etwas verschwommen, die eigenwillige Form einer Balthazarflasche. Über das hübsche Etikett zog sich eine rote Spur und hatte die edle Goldverzierung wie auch den außergewöhnlich hübsch gestalteten Schriftzug auf das Übelste ruiniert. Das Schlimmste war, sie war leer, wie auch die anderen Flaschen. Wie gebannt stand ich da, und es dauerte eine Weile, bis es in meinem Gehirn „klick" machte. Langsam, aber dann umso heftiger kam mir ein Verdacht. Rotwein der Extraklasse, Wert, eine halbe Million Euro und Glühwein. Glühwein, Rotwein. Perlen meines Schweißes tropften auf den Boden, und ich fühlte, wie mir schwindelte. Mir wurde richtig übel, und mein Herz fing an zu rasen. Konnte es wahr sein? Der Inhalt meiner Flaschen war in dem großen Topf gelandet, aus dem sich alle so reichlich bedient hatten, außer dem Dackel Jockel? Meine Altersversorgung, sechs Flaschen Château Margaux, Grand Cru Classé, in den Mägen dieser unsäglichen Bagage, mich eingeschlossen. Plötzlich bemerkte ich Schritte hinter mir, und jemand klopfte mir auf die Schultern. Ich drehte mich um, und in der Luft schien ein Gesicht zu hängen. Ein Gesicht, das diabolisch grinste und das den tiefgefurchten Gesichtszügen meiner Frau ähnelte. „Och“, sagte das Gesicht. „Das habe ich hinter den Kohlen gefunden, als ich den Topf holte. Der war alt, musste mal weg.“

Für einen unsäglichen Moment wurde es schwarz vor meinen Augen. Alles schwankte, in meinen Ohren fing es an, zu rauschen. In einer Mischung aus Verzweiflung und höchster Erregungen hob ich den Arm mit einer der Balthazarflaschen hoch über meinen Kopf und zielte damit auf das diabolische Gesicht. Das Geräusch der krachenden Schädeldecke war wie eine Befriedigung. Im nächsten Moment stand die schreckliche Jaqueline hinter mir.

„Ach, wat furchtbar hier.“

Völlig weggetreten nahm ich noch einmal die Flasche, die wie durch ein Wunder heil geblieben war, und führte sie in Richtung dieser impertinenten Person. Was mischte sie sich auch immer ein? Ich verfehlte sie knapp und wirbelte herum, weil ich urplötzlich einen Schmerz im Bein fühlte. Dackel Jockel hatte sich in meiner Wade verbissen. Außerdem hatte sich ein Auflauf vor mir gebildet. Tantchen Berta, deren Mann Otto, meine Mutter, Martha, Tante Babett, die alte Jungfer, die mal so richtig …, egal, Gertrude, die schwarze Witwe, Erika, Elmar und Vetter Michel hatten sich in einem Halbkreis versammelt und blickten abwechselnd auf mich und den leblos auf dem Boden liegenden Leib meiner Frau, deren Kopf stark blutete.

Mutter verstand mal wieder gar nichts und summte leise: „Oh du fröhliche ..."

Doch ich lief jetzt zur Höchstform auf. Wütend schwang ich erneut die Flasche und versuchte, den Rest der Gesellschaft zu erledigen. Die Meute flog auseinander. Körper schlugen auf dem Boden auf, und ich sah, wie sich immer mehr Blut auf dem Fußboden verteilte.

Plötzlich wurde ich gestoppt. Tante Berta war wie durch ein Wunder aus dem Nichts aufgestanden und hatte sich vor mir aufgebaut, während mir Otto beim Schwungholen die Flasche aus den Händen riss. Er hielt mich von hinten fest, und wie durch einen Filter hindurch nahm ich den Glühweintopf wahr, der, geführt von Gertrudes wuchtigen, schwarz gewandeten Oberarmen auf meinem Kopf landete. Da wurde es dunkel um mich herum.

Als ich wieder erwachte, starrte ich in die Augen eines weißgekleideten Herrn mit einem Stethoskop um den Hals, der sich mit besorgtem Blick über mich beugte, sowie eines blau gekleideten Mannes, der sich mir gegenüber als Polizeihauptkommissar Hofmaier ausgab. Letzterer war es, der mir unangenehme Fragen stellte, bevor er mir die Handschellen anlegte. Dann wurde ich auf eine Trage geschnallt und abtransportiert. Während der Schmerzensqual dachte ich an Val, und ich war mir nicht sicher, ob ich sie je wiedersehen würde.

Epilog

Ach, noch ein kleiner Nachtrag: Bevor ich in der Hofauffahrt in das Innere des Rettungswagens verfrachtet und an alle möglichen Gerätschaften angeschlossen wurde, konnte ich einen letzten Blick auf die riesige kitschige Rentierkutsche im Garten erhaschen, die meine Frau von ihrem ehemaligen Geliebten, einem amerikanischen Disney-Produzenten, geschenkt bekommen hatte. Der Weihnachtsmann auf dem Kutschbock hielt die Zügel für die Rentiere in der Hand, die mit tausend Lämpchen verschönert worden waren. Versehen mit einer Stromleitung, endeten die Zügel in der Zweifachaußensteckdose an der Hausmauer. Auch Valerie, die starr daneben saß, hatte Leitungen in der Hand, die in der Steckdose endeten. Doch Valerie sah weitaus unglücklicher aus als die lächerlich lächelnde Kunstfigur neben ihr. Im Gegenteil, ihre hübschen Augen sahen einfach nur leblos ins Leere.

Glühwein Deluxe

Für 4 Personen

Zutaten

1 l guter Rotwein
1 unbehandelte Zitrone
1 unbehandelte Orange
2 Stangen Zimt
2 Kapseln Kardamom
3 Nelken
3 Eßl. Zucker
1 Teelöffel Honig

Zubereitung

Geben Sie den Rotwein in einen ausreichend großen Topf. Dann waschen Sie die Schale der Orange und der Zitrone und schneiden diese in kleine Stücke. Brechen Sie die Kardamomkapseln auf und geben Sie die Samen mit dem Rest der Zutaten in den Topf mit dem Rotwein. Erhitzen Sie nun die Flüssigkeit mit den Zutaten und achten Sie darauf, dass der Glühwein nicht kocht. Er soll lediglich bis zum Siedepunkt gebracht werden, ansonsten verliert er an Geschmack. Lassen Sie das Ganze bei kleiner Flamme mindestens 20 Minuten ziehen. Dann können Sie die Gewürze mit einem Sieb abschöpfen und den Glühwein mit einer großen Kelle ausschenken. Zum Wohl!

WHY WINE?
WINE NOT?

TÖDLICHES SCHWEIGEN

Rita Hausen

Seit Jahren hatten sie sich nicht mehr gestritten. Er redete überhaupt nicht mehr mit ihr, und da ließ sich auch nicht schönreden, dass ihr Mann aus Kehrenbach, einem kleinen Dorf in Nordhessen, kam, wo die Menschen generell etwas schweigsamer sind. Sie war einfach Luft für ihn. Wenn sie ihn etwas fragte, ließ er sie im Nichts hängen. Nicht mal eine Antwort war sie ihm wert. Manchmal überkam sie eine ungeheure Wut. Sie hätte brüllen und schreien, ihn schütteln können.

Gegen diese eisige Kälte und Ablehnung hätte sie anschreien wollen, tat es aber nicht, weil sie von seiner Ablehnung wie gelähmt war. Sie flehte ihn an und bat um Antwort, aber er sagte einfach nichts, war gefühllos wie ein Stein. Ohne Anlass, ohne Streit weigerte er sich, mit ihr zu reden. Er entfernte sich immer weiter von ihr und wurde unerreichbar. Sein abwertendes Schweigen empfand sie zunehmend als Vorwurf. Sie war schuldig und wurde mit Schweigen bestraft. Sein Schweigen wurde mit der Zeit ohrenbetäubend und verursachte ihr Kopfschmerzen. Mit seinem Schweigen verleugnete er ihr Dasein und blendete sie aus seinem Leben aus. Es wurde zu einer tödlichen Waffe, die gegen sie gerichtet war, aber nun sollte sie ihn selbst treffen.

Sein Schweigen wurde zu seinem Todesurteil. Hätte er sich mit ihr gestritten, hätte sie sich ernst genommen gefühlt, aber die Weigerung mit ihr zu sprechen, machte sie hilflos. Selbst Beleidigungen wären erträglicher gewesen als diese eisige Missachtung. Sie entschloss sich, diese schweigende Anklage nicht länger hinzunehmen. Sie widersetzte sich ihr, als alle Versuche, ihn zum Reden zu bringen, gescheitert waren. Sie dachte, das Schweigen eines toten Partners ist leichter zu ertragen als das eines lebenden.

Er saß vor der Glotze, ein halbgeleertes Glas Bier neben sich. Eingeschlafen. Mit halb geöffnetem Mund lag er auf der Lehne des Sessels.

Das lange scharfe Messer befand sich in der mittleren Schublade in der Küche. Sie trank ein Glas Wasser, trat auf die Terrasse und genoss die kühle Abendluft. Die ganze Zeit war sie nervös gewesen, aber nun überkam sie plötzlich eine eisige Ruhe. Sie ging in die Küche, öffnete die Schublade und nahm das Messer in die Hand. Entschlossen ging sie ins Wohnzimmer und näherte sich dem Sessel. So wie er leise schnarchend dalag, bot er ihr seine linke Halsseite geradezu dar. Mit Wucht stieß sie ihm die Klinge in den Hals. Aus seinem Mund drang ein gurgelndes Geräusch. So viel hatte er schon lange nicht mehr gesagt. Sie zog das Messer heraus. Aus der Wunde schoss helles Blut.

Für die Gnadenlosigkeit deines Schweigens! Sie packte das Messer erneut und stieß es in seine Brust. Für deine Verständnislosigkeit! Sie stach erneut zu. Für deine Herzlosigkeit! Mit einer heftigen Bewegung fuhr das Messer erneut in seinen Körper. Für deine Grausamkeit! Für die vielen Kränkungen! Für deine Mitleidslosigkeit! Für deine Gleichgültigkeit! Für deine stumme Anklage! Für deine Weigerung, mit mir zu reden!

Mehr als zehnmal stach sie zu. Dann atmete sie tief durch, ging in die Küche, reinigte sorgsam die blutverschmierte Waffe und legte sie zurück in die Schublade. Sie dachte nicht darüber nach, warum sie das Messer säuberte. Aber dann dämmerte es ihr. Sie wollte nicht wegen ihm ins Gefängnis. Das sollte ja eine Befreiungstat sein, durch die sie Lähmung und Lethargie von sich abschütteln wollte. Doch wie sollte sie die Leiche loswerden?

Und das viele Blut, das in den Sessel und den Teppich gesickert war?

Das konnte sie niemals beseitigen. Einfach abhauen, dachte sie. Nur weg, aber dazu musste sie erst einmal ihre Finanzen checken, Geld flüssig machen. Sie kramte in verschiedenen Schubladen und steckte einige Unterlagen in ihre Handtasche. Die Scheckkarte ihres Mannes verstaute sie in ihrem Portemonnaie. Dann packte sie einen Koffer, rief ein Taxi und verließ das Haus.

***

Die Leiche wurde erst zwei Wochen später gefunden. Stammtischbrüdern war aufgefallen, dass ihr Kumpel schon lange nicht mehr erschienen war. Auch Anrufe blieben ohne Erfolg. Danach alarmierte einer von ihnen die Polizei. Es war eine schreckliche Sauerei, vor allem der Gestank. Der Rechtsmediziner nahm die ersten Untersuchungen vor. Die Leiche wies zwölf Messerstiche auf. Ein solcher Exzess sprach für eine Beziehungstat. Da musste jemand eine große Wut gehabt haben.

Die Ehefrau Agathe war verschwunden. Das konnte sich niemand erklären. Am wenigsten die Kehrenbacher Stammtischbrüder. Die Nachbarn meinten, das sei ein ganz ruhiges Ehepaar gewesen, sie hatten nichts Auffälliges bemerkt. Eine Frau von nebenan sagte aus, dass sie beobachtet habe, wie an einem der fraglichen Tage noch spät abends ein Taxi bei den Leonards vorgefahren war. Darüber habe sie sich sehr gewundert, da die Leonards doch ein Auto besäßen. Weitere Recherchen bei dem Taxiunternehmen ergaben, dass der Fahrer Frau Leonard ins Hotel Excelsior nach Kassel gefahren hatte. Mithilfe der Bank erfuhren die Ermittler, dass Frau Leonard mit der Karte ihres Mannes mehrfach Geld abgehoben hatte, in verschiedenen Städten Europas, zuletzt jedoch in Wellington, Neuseeland. Hier verlor sich ihre Spur.

***

Frau Leonard lernte in Wellington einen netten Mann kennen, John Nelson. Er erzählte viel von sich, erkundigte sich voller Interesse nach ihrer Lebensgeschichte und war sehr aufmerksam ihr gegenüber. Natürlich musste sie eine Geschichte über ihre Vergangenheit erfinden, aber sie blieb sehr nahe bei der Wahrheit, den Mord ausgenommen. Schließlich heirateten sie und zogen nach Tauranga. Agathe Leonard hieß nun Kathy Nelson.

Ein paar Jahre ging alles gut, aber dann begannen sie sich zu streiten. John wurde rechthaberisch und mit seiner geschliffenen Rhetorik redete er sie in Grund und Boden. Er brachte ein Argument nach dem anderen und hörte nicht auf, ständig auf sie einzureden, bis sie ganz kleinlaut wurde. Da stellte sich bei ihr das vertraute Gefühl ohnmächtiger Wut ein. Ihr erster Mann hatte sie totgeschwiegen, John redete sie tot. Er verwendete keine beleidigenden Schimpfwörter, sondern ließ sich sachlich und rational so lange aus, bis Kathy es aufgab, ihm zu widersprechen. Die kleinsten Anlässe führten zu endlosen Diskussionen, die immer mehr zu Monologen wurden. Alle Versuche, ihn zum Schweigen zu bringen, waren vergeblich. Wenn sie den Raum verließ, um sich seinen Tiraden zu entziehen, lief er hinter ihr her, unermüdlich auf sie einredend.

Kathy dachte: Ich habe einen Mann wegen seines hartnäckigen Schweigens umgebracht, jetzt werde ich einen wegen seines ungehemmten Sprechens umbringen.

***

Am Waldrand befanden sich etliche Tutu-Sträucher, deren Blätter und Samen sehr giftig waren. Die Beeren waren fast reif. Es stürmte heftig, als sie dort hin ging. Aber das machte ihr nichts aus. Sie pflückte ein kleines Gefäß voll. Zuhause zerquetschte sie die Früchte, um an die Samen zu gelangen. Diese zerrieb sie zu einem Pulver.

Im Gedenken an ihre nordhessische Heimat, die ihr doch gelegentlich fehlte, entschloss sie sich, ein

Ziegenragout zu kochen. Das hatte ihr erster Mann immer sehr gern gegessen, auch wenn er sich schweigend darüber hergemacht hatte. Von einem befreundeten Farmer, der eigentlich für seinen Ziegenkäse bekannt war, bekam sie ein schönes Schulterstück einer frisch geschlachteten Ziege, ideal für ihr Vorhaben.

Das grob gewürfelte Fleisch briet sie, genau wie die ordentliche Menge an Zwiebeln, sehr scharf an und löschte mit heißem Wasser ab. Jetzt musste es nur noch sanft schmoren, um schön zart zu werden. Dazu bereitete sie eine schmackhafte Soße aus Rosmarin, scharfem Senf, Pfeffer und Salz sowie der köstlichen Aprikosenmarmelade aus dem eigenen Garten. Es tat ihr fast leid, die feine Soße mit dem Tutu-Pulver zu verderben. Da sie nicht wusste, ob man das Pulver herausschmecken würde, würzte sie die Soße ziemlich scharf nach. Für sich hatte sie davor natürlich ein Extra-Pfännchen beiseitegestellt. Zu dem sehr würzigen Mahl reichte sie Nudeln und Salat mit viel Knoblauch.

Als sie sich an den Tisch setzten, warnte sie John: „Die Soße ist recht scharf, aber das magst du ja." Sofort waren sie wieder mitten in einer Diskussion, in der John ihr vorwarf, nicht so zu kochen, wie er es gerne hätte. Kathy schwieg und schaute aufmerksam zu, wie John sich von der Soße nahm, sie probierte und meinte: „Die ist aber wirklich scharf. Da hast du etwas übertrieben." Nichtsdestotrotz nahm er sich reichlich von dem Ragout und häufte es auf die Nudeln. Während er aß, begann er wieder: „Ich mag es gern pikant, das ist wahr. Meistens sind deine Gerichte ja eher fade. Aber das hier ist furchtbar. Da brennt einem ja der Mund."

„Iss doch einfach mehr Nudeln dazu. Dann gleicht sich das aus", meinte Kathy gelassen. John seufzte und schob den halbleeren Teller von sich. Er sagte nichts mehr. Kathy konnte es kaum glauben. Er stand auf und setzte sich in seinen Sessel, um zu lesen. Sie aß mit Appetit ihren Teller leer und ging in die Küche.

Diesmal hatte sie die finanziellen Dinge schon vorher geregelt. Sie packte ihren Koffer und wartete darauf, dass das Gift seine Arbeit tat. Sie lud ihr Gepäck in ihren Landrover. Als sie einen Blick ins Wohnzimmer warf, sah sie wie John sich in seinem Sessel wand und unartikulierte Laute von sich gab. Bald würde er ganz schweigen. Er rang nach Atem, sein Bewusstsein war wohl schon getrübt, denn er merkte nicht, wie sie sich über ihn beugte.

Kathy wartete den Tod ihres Mannes nicht ab. Als sie aus der Haustüre trat, bemerkte sie, dass der Sturm aufgehört hatte und es völlig windstill war.

Ihr kam ein Gedicht von Goethe in den Sinn:

Über allen Gipfeln
Ist Ruh,
In allen Wipfeln
Spürest du
Kaum einen Hauch;
Die Vögelein schweigen im Walde.
Warte nur, balde
schweigest du auch.

Sie stieg in den Landrover und fuhr zum Flughafen in Auckland. Von dort wollte sie nach La Paz/Peru. Sie schwor sich, nie mehr zu heiraten. Denn einen dritten Mord wollte sie unter allen Umständen vermeiden.

Nordhessisches Ziegenragout

für 2 - 3 Personen

Zutaten

500 g Ziegenfleisch aus der Schulter
3 große Zwiebeln
2 Eßl. Öl
2 Teelöffel Salz
Pfeffer
1 Eßl. Senf
3 Teelöffel Aprikosenmarmelade
Rosmarin
½ l Gemüsebrühe

Zubereitung

Das Ziegenfleisch in Stücke schneiden. Zwiebeln enthäuten, in größere Stücke teilen und in Öl anbraten, bis sie leicht gebräunt sind. Dann das Ziegenfleisch dazugeben und mit Salz, Pfeffer und Rosmarin anbraten, dabei immer wieder wenden. Senf hinzufügen, kurz mitbraten und mit heißer Brühe ablöschen. So lange schmoren lassen, bis das Fleisch weich ist und die Zwiebeln verkocht sind (ca. 1 – 1 1/2 Stunden, je nach Fleischqualität). Zum Schluss mit Aprikosenmarmelade sowie Salz und Pfeffer abschmecken. Dazu Teigwaren und verschiedene Salate mit Knoblauchdressing reichen.

WOMAN
WITH
FUR
IOUS
FOX

BETHMÄNNCHEN

Chris Silberer

Der Schwalbacher Friedhof war nicht so groß, wie man aufgrund der vielen Hochhäuser hätte vermuten können. Aber er besaß einen schönen alten Baumbestand und eine Kapelle, die nur aus Dach zu bestehen schien. Diese Kapelle hatte genau so viele Sitzplätze, dass es nicht peinlich war, wenn nur wenige Trauergäste zur Beerdigung erschienen. Waren es sehr viele, so dass sie über den Eingang hinaus stehen mussten, freute man sich über die große Beliebtheit der Dahingeschiedenen.

Die Teilnahme an Heinz Scherers Bestattung war erwartungsgemäß groß, gehörten die Scherers in der Stadt im Vordertaunus doch zur alt eingesessenen Bauern- und Handwerkerschicht. Im spärlichen Licht der bunten Kirchenglasfenster konnte man in der vordersten Reihe Scherers hübsche Witwe Heike erkennen, dem Anlass gemäß gekleidet im eng anliegenden schwarzen Kostüm mit Hütchen und Schleier, der die Augenpartie leicht verdeckte. Viele hatten sich damals gewundert, als der alte Scherer seine attraktive Buchhalterin ehelichte. Der sicher erwünschte Stammhalter hatte sich aber nicht mehr eingefunden, obwohl Heike zu dieser Zeit durchaus noch im gebärfähigen Alter war.

Neben und hinter der Witwe hatten sich ein paar handverlesene Verwandte in schwarzer Kluft auf den schweren Holzbänken niedergelassen. Obwohl alle Scherers des Ortes irgendwie um ein paar Ecken miteinander verwandt waren, hatte Heinz nur wenig Kontakt zu Verwandten gehabt. Gekommen war sein Onkel aus dem Altkönigstift in Neuenhain, der taub war wie ein Holzschuh, aber immerhin so lebenslustig, dass er eine deutlich jüngere Freundin bei sich hatte. Daneben saß mit demonstrativem Abstand Heinz' einzige Cousine ersten Grades, Hildegard Drechsler, geborene Scherer, spießig und bieder wie immer. Heute auch noch mit betroffenem Gesichtsausdruck.

In der dritten Reihe saßen die zwei Gesellen und der Lehrling von Scherer Elektro sowie Klassenkamerad Neidhardt Schüssler, ein treuer Nebensitzer aus der Schulzeit, der auch bei jedem Geburtstag bei Heinz aufgetaucht war.

Die Pastorin, eine recht freudlose Vertreterin der evangelischen Kirchengemeinde mit strengen Gesichtszügen und Unfähigkeit zur sichtbaren Empathie, sprach von der 'Gnade eines plötzlichen Todes'. „Getroffen werden nur die, die zurückbleiben“, sagte sie und warf demonstrativ einen Blick in Richtung der

Witwe. Auch hier bewies die Pastorin wenig Menschenkenntnis. Denn eigentlich hatte Heike nicht mehr allzu viel für ihren Mann empfunden, der die letzten Jahre mehr oder weniger neben ihr her gelebt und eigentlich nur seine Arbeit im Kopf gehabt hatte. Die Ehe war längst zur Zweckgemeinschaft geworden. Und hätte sie nicht Angst gehabt wegen der finanziellen Folgen, wäre sie vielleicht längst geschieden. Nachdem die Pastorin nach einem Kirchenlied zu einem gemeinsamen Gebet aufgerufen hatte, erklang aus dem Lautsprecher „Sailing“ und „Candle in the Wind“. Heike hatte die Lieder ausgesucht, auch wenn Heinz eine klassisch deutsche Variante vielleicht lieber gewesen wäre. Aber er hatte lange genug alles bestimmt. Jetzt war sie mal an der Reihe. Lediglich auf das „Time to say goodbye“ hatte sie verzichtet. Das war selbst ihr zu theatralisch.

Langsam setzte sich der Trauerzug in Bewegung, vorweg die Träger mit dem schweren Eichensarg, auf dem das weiß-rote Blumenbukett, bestehend aus roten Rosen und weißen Lilien, thronte. Füße in schwarzen Pumps oder dunklen Lederherrenschuhen knarrten auf den Kieselsteinen der Wege, die zum frisch ausgehobenen Grab führten.

Heike konnte sich kaum auf die kurze Grabrede der Pastorin konzentrieren. Hatte sie sich bislang gut im Griff, sah sie jetzt wie paralysiert zu, wie der Sarg in der Dunkelheit der Erde verschwand. Die Endgültigkeit dieser letzten Aktion hinterließ dann doch einen dicken Kloß im Hals und Tränen in ihren Augen.

„Kommen Sie morgen zu mir in die Kanzlei“, raunte ihr Dr. Meierfeld zu, während er ihre Hand schüttelte. Der Hausanwalt und Notar hatte sich geduldig in die Kondolenzrunde eingereiht, zuvor das obligatorische Schäufelchen Erde und eine der weißen Rosen, die Heike am Grab bereitstellen ließ, auf den Sarg geworfen. „Ich weiß, es ist jetzt nicht der richtige Zeitpunkt. Aber wir sollten die Sache mit dem Nachlass baldmöglichst besprechen.“ Heike nickte nur.

Schon am nächsten Tag fand sie sich in einer der unteren Etagen des bunten Riesen ein, wo der Notar sein Domizil hatte. Obwohl es nicht gerade die erste Adresse im Vordertaunus war, liefen die Geschäfte so gut, dass es keinen Anlass gab, sich neue teure Büroräume zu suchen. Zur Testamentseröffnung war nur Heike geladen worden, die Eheleute hatten sich gegenseitig als Alleinerben eingesetzt. Das hätte Heike auch noch gefehlt, wenn sie jetzt dieser spießigen Cousine oder dem alten Onkel etwas hätte abgeben müssen. Nachdem die Eigentumsverhältnisse geklärt waren, fackelte Heike nicht lange und verkaufte das Elektrogeschäft an den meist Bietenden, ein ehemaliger Konkurrent aus dem Nachbarort. Das separate Wohnhaus behielt sie. Es gab auch noch einige Vermögenswerte in Form von Aktien und einer Lebensversicherung sowie zwei vermietete Eigentumswohnung mit monatlichen Einnahmen. Kurzum: Heinz hatte Heike gut versorgt hinterlassen.

Eigentlich hätte sie jetzt endlich auf große Kreuzfahrt gehen können, wie sie es schon immer wollte, aber bei ihrem Mann stets auf taube Ohren gestoßen war. Heinz hatte sich für unabkömmlich, um nicht zu sagen unentbehrlich, gehalten. Welch ein Trugschluss, jetzt ging es auch ohne ihn. Doch es war nicht Schadenfreude, die sie empfand, eher Ärger über verpasste Jahre.

Heike musste sich an diese neue Situation erst gewöhnen. Und obwohl sie insgeheim erleichtert war, endlich frei zu sein, wühlte sie fast jeden Tag in Heinz' dunkler Graberde, setzte Stiefmütterchen und fleißige Lieschen auf das Familiengrab mit dem provisorischen Holzkreuz. Der rötliche Stein, den sie ausgesucht hatte, war noch beim Steinmetz, weil Heike eine aufwändige Version mit verschlungener Steinblume bestellt hatte.

Wenn keiner in der Nähe war, redete Heike mit Heinz, wobei sie grundsätzlich auf der rechten Seite des Grabes stand, denn sie wusste, dass er auf der rechten Seite lag. Die linke Seite war immer für die Ehefrau (also sie!) reserviert. Verhältnisse wie zu Hause im ehelichen Schlafzimmer. Welch freudlose Aussicht, dachte sie, während sie eine Kanne Wasser auf die durstigen Stiefmütterchen goss. Natürlich entging es der Witwe nicht, dass kurze Zeit nach der Beerdigung ihres Mannes, gleich nebenan ein neues Grab ausgehoben wurde. Am nächsten Tag befand sich dort ein Holzkreuz für eine Erika Wohlleben. Die frischen Blumenkränze und Grabgestecke deuteten darauf hin, dass die Beerdigung gerade stattgefunden haben musste.

Den dazu gehörigen Witwer lernte Heike ebenfalls bald kennen. Bevor sie ihn zu Gesicht bekam, hörte sie hinter sich knarzende Schritte auf dem Kiesweg. Als sie sich neugierig umdrehte, sah sie in die unglaublich hellblauen Augen eines flotten Fünfzigers mit grauen Schläfen. Der Mann grüßte höflich aber mit unbewegtem Gesicht, als er im gedeckten schwarzen Anzug an ihr vorbei ging, um dann still am frischen Grab dieser Erika zu verweilen. Am nächsten Tag sah sie ihn wieder. Dieses Mal huschte ein erkennendes Lächeln über sein trauriges Gesicht, das feine Züge hatte. Er grüßte und ging wortlos zu der Grabstelle.

Am dritten Tag war der Mann vom Nachbargrab

bereits vor ihr da. Dieses Mal kam er auf sie zu, stellte sich förmlich mit „Rüdiger Wohlleben“ vor und reichte ihr die Hand. Mit der anderen Hand hielt er eine Blechdose unterm Arm. Er entschuldigte sich, dass er sich nicht schon früher vorgestellt hatte. Aber der Tod seiner Frau würde ihn doch sehr mitnehmen. „Und mit wem habe ich die Ehre …?“

„Scherer , Heike Scherer“, erwiderte sie geflissentlich. „Mein Mann ist vor zwei Wochen gestorben.“

„Oh mein Beileid!“, bekundete er.

„Danke gleichfalls!“ Es war einer der Momente, wo keiner so recht wusste, was man sagen sollte. Immerhin bemerkte Wohlleben, dass ihr Blick immer wieder neugierig auf die Blechdose fiel. Er lächelte leicht und öffnete sie mit einer galanten Geste.

Heike traute ihren Augen nicht. Da lagen sauber drapiert, eins neben dem anderen, kleine Bethmännchen. Typisch zu Kugeln geformt und mit drei halbierten Mandeln verziert, zart gebräunt, so wie es sein musste. Sie hatte diese Marzipanspezialität schon eine Ewigkeit nicht mehr gekostet. „Meine Frau hat Bethmännchen über alles geliebt. Ich habe ihr welche mitgebracht“, sagte der Witwer verlegen. „Aber leider kann sie sie jetzt ja nicht mehr genießen. Wollen Sie mal probieren? Sind selbst gemacht.“

Nein, wie rührend von diesem Mann, dachte Heike. Auf diese Idee wäre ihr Heinz nie gekommen.

Tatsächlich konnte sie der Versuchung nicht widerstehen und holte sich mit spitzen Fingern ein Bethmännchen aus der Dose und steckte es im Ganzen in den Mund. Der zarte Marzipanschmelz verging ihr auf der Zunge. „HHhhmmmm“, sagte sie anerkennend, während sie für einen ganz kurzen Moment die Augen schloss.

„Hat meine Schwester gebacken. Das muss man ihr lassen: da hat sie wirklich etwas los“, sagte dieser sympathische Herr Wohlleben und nahm sich ebenfalls ein Marzipanbällchen. Heike konnte mit ihrem vollen Mund nur zustimmend nicken. „Marzipanpralinen hat meine Frau immer dazu gesagt. Angeblich hat sie ein Pariser Konditor erfunden. Ich glaube er hieß Gau …, Gaube, nein Gautenier. Aber da er zu dieser Zeit Küchenchef der Bankiersfamilie Bethmann war, ist es zu einer Frankfurter Spezialität geworden. Was ein Glück!“

„Da haben Sie Recht! Angeblich hat die Familie die Bethmännchen ja an Bedürftige verteilt. Und da war auch noch etwas mit der Anzahl der Mandeln“, erinnerte sich Heike vage.

„Stimmt! Erst sollen es vier Mandeln gewesen sein, wegen der vier Kinder der Bethmanns. Als eines starb, wurden nur noch drei verwandt.“

„Aber das halte ich für Humbug, wenn ich ehrlich bin“, sagte Heike. Und obwohl sie es selbst als ungehörig empfand, griff sie immer wieder in die Blechdose nach dem Marzipankonfekt, bis diese fast leer war und man den goldenen Boden sehen konnte. „Bei so viel Süßigkeiten wächst mein Kaffeedurst enorm. Wie sieht es bei Ihnen aus? Darf ich Sie vielleicht zu einer Tasse einladen?“, fragte der frisch gebackene Witwer.

Heike genierte sich natürlich, in eines der Cafés am Ort oder in die „Mutter Kraus“ zu gehen, wo sich um diese Zeit jede Menge Geschäftsleute tummelten. Schon gar nicht wollte sie den Mann vom Nachbargrab gar zu sich nach Hause einladen. Unvorstellbar, was die Leute sagen würden. So einigten sie sich auf das „Merci“ in Kronberg. Ein reizendes Café am Berliner Platz mit einer Kuchen- und Tortenauslage, die umwerfend war. Der Charme des traditionellen Kaffeehauses ließ die Zeit wie im Fluge vergehen. Schon lange nicht mehr hatte Heike sich so angeregt und nett unterhalten. Und zu Hause wartete schließlich niemand auf sie.

Wohlleben erzählte ihr, dass er Arzt sei, Allgemeinmediziner, um genau zu sein, und zusammen mit seiner Schwester eine Praxis in Frankfurt betreibe. „Sie ist meine Zwillingsschwester. Geschwister bleiben einem halt doch am längsten erhalten. Haben Sie auch Geschwister?“

„Nein, ich bin ein Einzelkind.“

„Und eigene Kinder?“

„Nein, auch nicht.“

„Dann können Sie das vielleicht gar nicht verstehen. Aber eigentlich war ich in meinem ganzen Leben noch nie alleine. Und diese plötzliche Leere ist für mich gerade schwer auszuhalten.“

„Oh doch“, widersprach Heike, „ich weiß, wovon Sie sprechen. Seit Heinz nicht mehr ist, lasse ich manchmal sogar den Fernseher laufen, obwohl ich gar nicht schaue. Aber das Haus ist jetzt so still und leer.“

„Nach dem Tod meiner Frau wird meine Schwester erst einmal bei mir in Schwalbach wohnen“, sagte Herr Wohlleben mit Dankbarkeit in der Stimme. „Sie kümmert sich um alles.“

Ein solches Glück habe ich natürlich nicht, dachte Heike bei sich und nickte wieder verständnisvoll.

„Ja, dann bis morgen!“, verabschiedeten sie sich im Parkhaus unter dem Berliner Platz, wo sie ihre Autos nebeneinander geparkt hatten. Sie verabredeten sich nicht. Es war irgendwie klar, dass sie sich am anderen Tag um die gleiche Zeit wieder am Grab begegnen würden. Für die nächsten Wochen blieb der Friedhof die Anlaufstelle, um Seite an Seite die zarten Pflänzchen zu gießen, Unkraut zu rupfen und erste gemeinsame Unternehmungen zu planen. Sie duzten sich inzwischen, und Rüdiger Wohlleben machte all das, was Heikes Mann nie für sie gemacht hatte. Sie unternahmen Ausflüge zum Opelzoo und in den Palmengarten. Sie wanderten im Taunus und gingen zu Konzerten im Kurhaus in Bad Soden oder in die Alte Oper. Sie kochten sogar gemeinsam in Rüdigers Küche. Heike war glücklich. Bei den Unternehmungen war auch immer Rüdigers Schwester Leonora mit von der Partie. Ledig und aufs Herzlichste um ihren Bruder bemüht, richtete sie leckere Picknickkörbe, in denen die Bethmännchen nie fehlten. Als Heike Leonora bei passender Gelegenheit nach ihrem Rezept fragte, zierte sich Rüdigers Schwester jedoch und wollte nicht so recht damit herausrücken. „Das ist ein altes Familienrezept, das mache ich einfach so aus der Hand", behauptete sie. Obwohl sie sich offensichtlich geschmeichelt fühlte, wollte sie das Familiengeheimnis nicht so ohne weiteres preisgeben.

Daraufhin wälzte Heike ihre Backbücher und probierte es selbst. Ihre Apfel- und Käsekuchen hatten ihrem Heinz schließlich auch immer geschmeckt. Ihre selbst hergestellten Bethmännchen waren jedoch kaum genießbar, so hart und trocken waren sie. Man hätte damit auf Tontauben schießen können. Beim nächsten Zusammentreffen erzählte Heike Leonora von ihrem Missgeschick beim Backen.

„Hast du etwa Mehl dazu genommen?", fragte diese streng.

„Ja, so viel Mehl, wie in meinem Rezept stand."

„Dann darfst du dich nicht wundern!"

Heike beherzigte ihre Worte und die nächsten Backversuche waren besser, aber an Leonoras Bethmännchen kamen sie noch lange nicht heran.

Irgendwann holte Heike das Geschwisterpaar mit ihrem Passat direkt in der Arztpraxis in der Gartenstraße in Sachsenhausen ab. Während sie in der Teeküche des Jahrhundertwendehauses wartete, bis der letzte Patient gegangen war, fiel ihr Blick auf ein Backbuch mit zerfledderten Seiten, zerrissenem Deckel und ausgefranstem roten Bändchen. Es musste uralt sein, worauf auch der vergilbte Titel mit der fleißigen Hausfrau in Schürze hinwies. Als Heike die Seite mit dem roten Bändchen aufschlug, entdeckte sie in altdeutscher Schrift tatsächlich ein Bethmännchen-Rezept. Heike jubelte innerlich. Doch bevor sie es sich heimlich abschreiben konnte, kam Leonora dazu. Als die Ärztin sah, dass Heike das Geheimnis ihrer feinen Bethmännchen in Händen hielt, war sie offensichtlich nicht „amused". Und wäre nicht Rüdiger, ihr Bruder, dazugekommen, hätte sie ihr das Backbuch vielleicht gar nicht ausgeliehen. Aber er kam ihr zuvor.

„Klar, kannst du das haben!", sagte er großzügig.

„Dann nimm es halt mit", meinte Leonora säuer-

lich und zog ihren weißen Kittel aus. „Aber bring es wieder zurück. Das ist noch von unserer Großtante Hermine."
Als sich Heike zu Hause das Rezept vornahm, entdeckte sie sofort den Unterschied. Man durfte offensichtlich nur das Eigelb nehmen und nicht das ganze Ei, wie sie es seither getan hatte. Endlich waren die Bethmännchen ein Träumchen, wenn sie auch noch etwas mit der Länge der Backzeit variieren wollte, um den zarten Bronzeton noch zu optimieren.

Heike war schlau genug, diesen Erfolg für sich zu behalten. Sie legte das alte Backbuch einfach wieder in die Küche der Praxis. Sie sprach Leonora auch nicht auf das Foto an, das sie in dem Buch gefunden hatte, obwohl sie zu gerne gewusst hätte, wer die Frau zwischen Rüdiger und ihr war. Sie traute sich aber auch nicht, Rüdiger darauf anzusprechen, da es sich offensichtlich nicht um seine verstorbene Ehefrau handelte. Deren Foto stand ja groß mit einem schwarzen Trauerflor auf dem antiken Schreibtisch seines Arztzimmers.

„Wegen der Leut" fand Heike es anfänglich ganz gut, dass Elenora bei ihren Unternehmungen immer dabei war, sozusagen als „Anstandswauwau". Aber mittlerweile wäre sie mit Rüdiger auch mal gerne alleine gewesen, zumal sie ihn immer sympathischer fand. Ja, eigentlich musste sie sich eingestehen, dass sie sich in ihn und seine kultivierte Art regelrecht verliebt hatte. Heike hatte ihn auch schon einmal vorsichtig darauf angesprochen. Aber er wollte Leonora angeblich nicht verletzen. Und so blieb es dabei. Wirklich allein waren die Witwe und der Witwer nur auf dem Friedhof. Da zog es Leonora offensichtlich nicht hin. Einmal, als sie so nebeneinander an den jeweiligen Gräbern standen, griff Rüdiger nach ihrer Hand und meinte: „Wenn auch wir irgendwann hier beerdigt werden, liegst du zwischen mir und deinem Mann."

„Oohh, stimmt!", sagte sie. Sie selbst hatte ihm ja erzählt, dass die Frauen immer links und die Männer rechts unter der Erde liegen. Aber so weit hatte sie noch nie gedacht. Ein merkwürdiges Gefühl der Verbundenheit durchströmte sie. Als hätte das Schicksal es so vorherbestimmt.

Heike war so in ihrer neuen Welt versunken, dass sie bis zum Besuch der Cousine ihres Mannes nichts Böses ahnte. Bei Kaffee und Keksen erzählte ihr Hilde, dass sich die Leute die Mäuler zerrissen, weil Heike – bevor das obligatorische Anstandsjahr nach dem Tod des Ehemannes vorbei war – schon einen neuen Freund hätte. Außerdem sollte mit diesem etwas nicht stimmen, wie man munkelte. Es gab angeblich einen ungeklärten Todesfall einer ehemaligen Freundin dieses Doktors. Und seine Frau sei ja ebenfalls verdächtig schnell gestorben. Vielleicht hätte es dieser Mann ja nur auf Heikes Geld abgesehen.

Das war Heike schlicht zu viel. Sie sagte Hilde, dass sie das eher bei ihr vermuten würde und komplimentierte sie nicht gerade freundlich aus ihrem Haus. Aber kurz darauf hatte sie ein ähnliches Erlebnis mit Neidhardt Schüssler, vor dessen übertriebener Fürsorge sie nach dem Tod ihres Mannes regelrecht hatte flüchten müssen. Er erklärte ihr, dass er sich um sie sorge, weil ungute Gerüchte im Ort die Runde machten. Aber was nun genau, dazu war er dann doch zu verstockt. Heike goss ihm einen Obstler ein und war froh, als er die Tür endlich wieder hinter sich zugemacht hatte. Heike ärgerte sich, aber nahm die Unkenrufe nicht ernst. Schob es auf Neid und Missgunst, der die Leute zu zerfressen schien. Warum konnte man ihr das bisschen Glück nicht gönnen?

Als jedoch eines Tages ein Kommissar aus Frankfurt vor der Tür stand, wurde ihr doch etwas mulmig. Kommissar Lorenz, ein sportlich-drahtiger Mitarbeiter der Mordkommission, den Heike auf Anfang Dreißig schätzte, fragte nach Dr. Rüdiger Wohlleben und wie sie ihn kennengelernt hatte. Ob sie in seinem Verhalten irgendetwas Verdächtiges hatte feststellen können. Und ob sie wisse, woran seine Frau gestorben sei. Das war Heike natürlich sehr unangenehm. Sie gab notgedrungen Auskunft, soweit sie das konnte, blieb aber sehr einsilbig. Nachmittags am Schwalbacher Friedhof sprach sie Rüdiger darauf an. „Sag mal, an was ist deine Frau nochmal gestorben?"

„Brustkrebs, habe ich dir doch erzählt. Eigentlich dachte ich, wir hätten noch mindestens ein Jahr zusammen, aber dann ist sie ganz schnell verstorben. Warum fragst du?"

Heike erzählte ihm von dem Kommissar, der sie heute früh aufgesucht hatte.

Rüdigers Miene verfinsterte sich. „Ich dachte, das wäre endlich vorbei. Aber dieser Mann lässt mich nicht in Ruhe."

„Der Kommissar?"

„Nein, der Vater einer ehemaligen Freundin von mir, das war, bevor ich meine Frau kennengelernt hatte. Sie hieß Iris und ist bei einem tragischen Bergunfall ums Leben gekommen. Es war schrecklich, und keiner hat mehr darunter gelitten als ich. Wir wollten nach ihrer Bergtour heiraten. Und dann das!"

Heike hing an seinen Lippen.

„Ich war am Boden zerstört. Wie immer in einem Fall mit Todesfolge wurde der Absturz polizeilich untersucht. Man hat nichts Verdächtiges gefunden, aber der Vater meiner Freundin wollte einfach nicht an einen Unfall glauben. Die erste Zeit hat er mich ständig bedroht und verfolgt. Aber ich konnte doch nichts dafür. Ich schwöre dir, ich habe nichts mit Iris Tod zu tun!“

Heike atmete auf, obwohl das schon eine merkwürdige Aneinanderreihung von Todesfällen war. Kurz darauf wurde Rüdiger ins Polizeipräsidium nach Frankfurt bestellt und erneut verhört, weil sich angeblich neue Hinweise auf eine Straftat gefunden hätten. Tatsächlich hatte der Vater des Opfers nach so vielen Jahren einen Zeugen aufgetrieben, der Rüdiger am Tag des Unfalls in Grindelwald gesehen hatte. Rüdiger hatte aber behauptet, er sei zu Hause bei seiner Schwester in der Praxis gewesen. Kommissar Becker konfrontierte ihn mit seiner Falschaussage.

„Ja, es stimmt, ich war an dem Tag in Grindelwald“, gab Rüdiger Wohlleben zu. „Ich wollte Iris überraschen, aber dann lag einer meiner Patienten im Sterben und ich wurde zurück in die Klinik beordert, wo ich damals gearbeitet habe. Ich konnte ja nicht ahnen, dass ich Iris nie wiedersehen würde. Und als dann dieser Unfall geschah, hielt ich es für besser, gar nicht zu erwähnen, dass ich mich zu der Zeit ebenfalls in Grindelwald aufgehalten hatte. Allerdings einige Kilometer von der Unfallstelle entfernt.“

Kommissar Lorenz lehnte sich zurück und verschränkte die Hände hinter dem Kopf. „Wenn es dafür keine Zeugen gibt, haben Sie jetzt ein ernsthaftes Problem, Herr Dr. Wohlleben. Mit Ihrer falschen Aussage haben Sie sich natürlich erst recht verdächtig gemacht. Im Übrigen hat Ihnen Ihre Schwester ein falsches Alibi gegeben. Das ist strafbar."

Wohlleben antwortete nicht, kaute nur nervös auf seiner Lippe und saß da, wie ein geprügelter Hund.

„Wegen begründeter Verdachtsmomente müssen wir Ihnen außerdem mitteilen, dass der Tod Ihrer Ehefrau, Erika Wohlleben, nochmals untersucht wird", fuhr der Kommissar fort. „Sie können Ihre Zustimmung verweigern, dann dauert es länger, aber der Antrag läuft bereits."

„Wenn ich den Verdacht damit ausräumen kann, von mir aus. Obwohl ich es schrecklich finde, die Totenruhe eines Menschen zu stören."

Heike konnte es nicht mit ansehen, wie der Sarg von Rüdigers Ehefrau wieder ausgegraben wurde, um die Leiche in die Rechtsmedizin zur Obduktion zu überstellen. Sie brachte nicht einmal ihre Blumen zum Grab und verließ fluchtartig den Friedhof, wo es nur so von Polizeibeamten wimmelte. Prompt lief sie in die Arme des jungen Kommissars, den sie ja bereits kannte.

„Ah, Frau Scherer", rief er ihr nach. „Gut, dass ich Sie treffe. Kann ich Sie einen Moment sprechen?"

„Ungern, ich habe gleich einen Termin", log sie

und wollte nur so weit wie möglich aus dem Sichtfeld der anderen Friedhofbesucher und einiger Gaffer, die zuschauten, wie der Bagger eine Schaufel Erde nach der anderen neben dem Grab ablegte.

„Neulich wollte ich sie nicht erschrecken", sagte Lorenz. „Aber vielleicht wissen Sie ja mittlerweile, dass es in der Vergangenheit einen dubiosen Todesfall im Umfeld von Herrn Wohlleben gab. Wissen Sie vielleicht etwas über den Tod dieser Iris Ziegler?"

„Nein, die ehemaligen Freundinnen von Herrn Wohlleben interessieren mich nicht", sagte sie nicht eben freundlich. „Im Übrigen hat Rüdiger mir von dem Unfall erzählt. Glauben Sie mir, das kann nur eine Verkettung von unglücklichen Umständen sein. Rüdiger ist der friedlichste Mensch, den ich kenne."

„Da kann man sich manchmal täuschen. Wenn Sie Ihre Meinung ändern und Ihnen doch noch etwas einfällt, können Sie mich ja anrufen." Der Kommissar händigte ihr erneut eine Visitenkarte aus, die Heike widerwillig entgegennahm.

Ihr Rüdiger ein Mörder? Ein Serienmörder gar? Nein, das konnte wohl nicht wahr sein! Heike hielt alles für einen bedauerlichen Irrtum, der sich bald aufklären musste.

Das Ergebnis der Gerichtsmedizin ließ ein paar Tage auf sich warten. Die Obduktion ergab, dass Erika Wohlleben keines natürlichen Todes gestorben war, sondern an einer Vergiftung. In ihrem Magen wurden Rückstände von Arsen und Reste von Marzipan und Zucker feststellen. Rüdiger Wohlleben wurde vernommen und kam in U-Haft. Für Heike brach eine Welt zusammen.

Trotzdem besuchte sie ihn im Untersuchungsgefängnis in Weiterstadt, eine Erfahrung der merkwürdigen Art. Nach einem komplizierten Anmelde- und Kontrollsystem, saßen sich die beiden verlegen im Besuchsraum gegenüber. Heike knetete ihr Taschentuch und brachte zunächst keinen Ton heraus, zumal ein Polizist in der Nähe jedes Wort verfolgte. Und Rüdiger? Nach anfänglichem Schweigen beteuert er immer wieder seine Unschuld. Konnten solche Augen lügen?

In der folgenden Nacht schlief Heike sehr unruhig und wurde immer wieder von unguten Visionen geplagt, von knarrenden Türen, die sich öffneten und schlossen, von dunklen gesichtslosen Schatten, die sie verfolgten und bedrohten, bis sie einen Abhang hinunterstürzte. Endlich schlief sie ein. Im Halblicht des erwachenden Morgens tauchte plötzlich Rüdigers Gesicht vor ihr auf, das sich furchterregend zu einer Fratze verzerrte. Am Ende war es aber wieder Rüdiger, sanft wie sie ihn kannte, der sie hilfesuchend ansah. Er streckte seine Hand nach ihrer aus. Als sie

sie fassen wollte, griff sie ins Leere und wachte auf. Sie hatte Kopfschmerzen und kam sich vor wie in Watte gepackt.

Sie holte sich in der Küche ein Glas Wasser und setzte sich an den massiven Holztisch. Während sie den Kopf in die Hände stützte, versuchte sie, ein paar klare Gedanken zu fassen. Mal angenommen, Rüdiger war tatsächlich unschuldig, wie er versicherte, wer hatte seine Frau dann umgebracht? Und wenn auch der Bergunfall dieser Freundin ein Mord war, wer hatte ein Motiv? Vielleicht war es jemand, der sich an Rüdiger rächen wollte, überlegte Heike. Bei einem Arzt ja durchaus denkbar, zumal er früher im Krankenhaus gearbeitet hatte und eine Operation auch mal schief gehen konnte. Vielleicht hat jemand seine Frau verloren und ihm das Gleiche gewünscht. Nach langem Überlegen kramte sie die Visitenkarte dieses Kommissars aus ihrer Tasche. Sie rief ihn an und bat um ein Gespräch. „Auch wenn Sie mich für blind verliebt halten, Herr Kommissar, ich glaube nicht, dass Rüdiger zu einem Mord fähig ist. Außerdem: warum hätte er das tun sollen? Er hatte durch den Tod der Frauen doch gar keinen Vorteil. Soviel ich weiß, besaß seine Ehefrau nicht einmal eine Lebensversicherung, geschweige denn, dass sie besonders vermögend war."

Kommissar Lorenz hatte wohl auf andere

Informationen gehofft, versprach ihr aber, nach allen Seiten zu ermitteln. Ob er es wirklich ernst meinte, wagte Heike nicht zu beurteilen. Sie musste selbst etwas tun! Vielleicht wusste ja Rüdigers Zwillingsschwester mehr, sie arbeitete schließlich mit ihm zusammen. Möglicherweise gab es tatsächlich einen Patienten, der sich hatte rächen wollen oder Grund hatte, Rüdiger zu hassen. Sie rief Leonora in der Praxis an und lud sie für den nächsten Tag zu sich nach Hause ein. Außerdem informierte sie Kommissar Lorenz über ihre neue Theorie des „Patientenrächers“ und dass sie ihm morgen vielleicht mehr dazu sagen könnte.

***

Statt wie verabredet, stand Leonora überraschend bereits am gleichen Abend vor Heikes Haustür. „Ich habe dir etwas mitgebracht“, sagte sie und drückte der Freundin ihres Bruders eine der bekannten Blechdosen in die Hand.

„Ohhh, Bethmännchen“, erwiderte Heike, ohne die Dose zu öffnen. Die Ärztin merkte, wie Heike zögerte. „Hast du vielleicht Angst, sie sind vergiftet?“ Sie lachte ein makabres Lachen. So kannte Heike sie nicht. Wo war die fast schon übertrieben nette und fürsorgliche Frau geblieben, als die sie sich in

Anwesenheit ihres Bruders stets gezeigt hatte? „Du hast manchmal einen gar seltsamen Humor, Leonora", sagte sie irritiert und bat die Ärztin ins Wohnzimmer, in dem schon die Stehlampe brannte. Der Tag war gerade dabei, ein Abend zu werden. Doch Heike bekam es kaum mit. Ihr Kopf arbeitete angestrengt. Warum fiel ihr plötzlich dieses Foto in dem Backbuch ein? Das zerkratzte Gesicht der Frau zwischen Rüdiger und Leonora. „Du hast die Frauen umgebracht!", Heike traf die Erkenntnis mit schmerzlicher Klarheit. „Du hast die vergifteten Bethmännchen hergestellt!" Ihre Stimme klang schrill vor Entsetzen.

Leonoras Stimme war dagegen kühl wie eine Stahlklinge. „Erika hat meine Bethmännchen geliebt", sagte sie in einer Mischung aus Stolz und Abfälligkeit. „Es war ein Leichtes, Arsen in die Rezeptur zu mischen."

„Natürlich war es für dich leicht. Die Frage ist: Warum tust du so etwas Schreckliches?"

Leonora lächelte nur süffisant. Und eigentlich hatte sich Heike die Antwort schon selbst gegeben. Jede Frau, die es gewagt hat, ihren Bruder zu lieben, war für seine Zwillingsschwester offensichtlich eine Todfeindin, die aus dem Weg geräumt werden musste. Heike schauderte und sah Leonora mit Entsetzen geweiteten Augen an. „Es ist dir also lieber, dass dein Bruder im Gefängnis sitzt, als dass er eine andere Frau als dich liebt?"

„Im Gefängnis kann ihm endlich keine mehr den Kopf verdrehen." Leonoras Augen funkelten. „Und dich wird er auch bald vergessen haben. Er hat eben kein Glück mit Frauen. Sie sterben ihm immer unter den Händen weg."

„Dann hattest du also auch bei dem Bergunfall deine Finger im Spiel. Was bist du nur für ein Mensch, Leonora? Aber dieses Mal kommst du nicht damit durch!"

„Schade, dass du mit deinem Wissen nichts mehr anfangen kannst", erwiderte Leonora, die kräftiger und fast einen Kopf größer war, und packte Heike. Die wehrte sich vehement, aber gegen den Elektroschocker kam sie nicht an. Die Ärztin fesselte Heikes Hände und Füße mit Mullbinden, die sie aus ihrer Manteltasche zog. Dann zerrte sie die Gefesselte auf einen Stuhl und zurrte sie mit stärkeren Verbandsbinden an Lehne und Stuhlbeinen fest.

„Willst du mich etwa auch vergiften?", fragte Heike, nachdem sie wieder zu sich gekommen war. „Deinem Bruder kannst du es dieses Mal aber nicht in die Schuhe schieben. Der hat in Weiterstadt ein wasserdichtes Alibi."

Leonoras diabolisches Gesicht schwebte über Heike. „Für wie einfältig hältst du mich? Nein, du hast die Enttäuschung mit meinem Bruder nicht verkraftet und begehst Selbstmord in deiner eigenen Garage.“

„Das hättest du wohl gerne …“

„Es wird dir nichts anderes übrig bleiben, meine liebste Heike“, äffte sie den Tonfall ihres Bruders nach. „Weil ich etwas nachhelfen werde. Dein Auto habe ich schon präpariert. Du solltest deine Garage nicht immer offen stehen lassen. So etwas kann gefährlich sein. Ein Schlauch vom Auspuff in das Innere und du wirst bei laufendem Motor sanft entschlafen. Und wenn du diese Mixtur geschluckt hast, wirst du dich auch nicht mehr wehren können. Sie besteht aus einer sehr flüchtigen Substanz, die dieses Mal garantiert keine Spuren hinterlässt.“

Erst jetzt sah Heike die dünnen weißlichen Handschuhe über Leonoras schönen schmalen Händen, die sie normalerweise als Ärztin bei gewissen Untersuchungen trug. Hände, die heilen konnten. Hände, die mordeten. Hände, die mit Gewalt versuchten, Heikes Mund zu öffnen, um ihr die Flüssigkeit einzuflößen. Obwohl Heike an den Stuhl gefesselt war, bäumte sich die Schwalbacherin verzweifelt gegen die Angreiferin auf, während sie ihre Lippen fest zusammenpresste.

Plötzlich ein ohrenbetäubender Knall. Das Sicherheitsglas der Terrassentür fiel in tausend Stücke, nachdem Kommissar Lorenz mit einem schweren Tontopf dagegen geschlagen hatte. Leonora fiel vor Schreck die braune Apothekerflasche mit der Flüssigkeit aus der Hand. Ungläubig starrte sie auf den Kommissar und ließ von Heike ab. Sekunden, in denen dieser die Tür von innen öffnen konnte. Im Schlepptau zwei uniformierte Polizisten mit vorgehaltenen Dienstwaffen, stürmte er in das Wohnzimmer. Einige Meter hinter dem Stuhl, an den Heike gefesselt war, warf er die fliehende Ärztin mit einem Sprung zu Boden.

Die Aktion mit den Handschellen hatte Heike schon geschickter gesehen. Aber das war in Filmen gewesen. Eigentlich war sie einfach nur froh über den Polizeieinsatz in letzter Minute. Endlich befreite sie einer der Uniformierten von den Fesseln, die in ihr Fleisch schnitten, weil sie sich so heftig gewehrt hatte. „Frau Dr. Wohlleben, ich verhafte sie wegen des Verdachts des zweifachen Mordes und erneutem Mordversuch", sagte der Kommissar und rieb sich das rechte Handgelenk, das er sich bei der Rambo-Aktion verstaucht hatte. Und mit einem Nicken zu seinen uniformierten Kollegen: „Abführen!"

Noch immer unter Schock, verfolgte Heike durch das Fenster, wie sich Leonora ohne irgendein Zeichen der Rührung oder gar Reue in das hessische Polizeiauto verfrachten ließ und weggefahren wurde.

„Puh, das war knapp! Woher wussten Sie denn, dass ich in Gefahr bin?“,

Heike blickte den Kommissar fragend an. Lorenz erklärte ihr, dass ihm nach ihrem letzten Gespräch selbst Zweifel an Rüdiger Wohllebens Schuld gekommen waren. „Die alte Ermittler-Frage ‚Wem nützt die Tat?‘ ist doch immer wieder hilfreich. Und Dr. Wohlleben profitierte finanziell weder bei seiner Freundin noch bei seiner Ehefrau. Ein anderes Motiv erschien mir nicht schlüssig. Außerdem war mir klar, dass der Täter – oder die Täterin – nur aus seinem direkten Umfeld stammen konnte.“

Deshalb hatte er die Zwillingsschwester des Arztes beschatten lassen. Als er von seinen Polizeibeamten erfuhr, dass sich die Observierte im Haus von Heike Scherer befand, war er selbst dorthin geeilt. Durch das gardinenlose Fenster hatte er die gefährliche Situation erkannt und prompt gehandelt. „Ich hatte irgendwie so ein ungutes Gefühl“, schloss der Kommissar seinen Bericht ab.

„Danke!“, sagte Heike nur und drückte dem überraschten Kommissar einen Kuss auf die Backe.

***

Rüdiger kam noch am selben Tag frei. „Wie kamst du ausgerechnet auf Leonora?“, fragte er Heike. Er konnte es noch immer nicht fassen, dass seine fürsorgliche Zwillingsschwester ein gefährliches Mordmonster war.

„Gleich bin ich auch nicht darauf gekommen. Aber wenn du es nicht warst, Rüdiger, dann kam eigentlich nur sie in Frage.“

„Unglaublich, wie blind ich war. Habe schon gedacht, es ist mein Schicksal, allein und ohne Frau zu bleiben.“

Heike tätschelte liebevoll tröstend Rüdigers Arm. „Jetzt hast du ja mich! Und niemand kann uns mehr trennen.“

„Fast hätte ich auch dich verloren.“

„Ja, Leonoras Besitzerwahn scheint immer stärker geworden zu sein. Während sie früher geduldig auf eine passende Gelegenheit wartete, hat sie jetzt selbst meine Besuche bei dir im Gefängnis nicht mehr ertragen und wollte mich für immer ausschalten.“

„Dieser Lorenz meint, dass schon bald ein gerichtspsychologisches Gutachten über ihre Schuldfähigkeit entscheiden wird. Obwohl das Ergebnis im Endeffekt das gleiche ist, wäre es mir doch lieber, sie käme in eine geschlossene Anstalt für psychisch Kranke als in ein Zuchthaus. Sie ist trotz allem, was sie getan hat, immer noch meine Schwester. Ihre krankhafte Eifersucht hat sie letztendlich unzurechnungsfähig gemacht.“

Von wegen unzurechnungsfähig, dachte Heike. Leonora hatte schließlich mit unfassbar krimineller Energie dafür gesorgt, dass alle Konkurrentinnen, die ihr die alleinige Liebe ihres Bruders streitig machten, ausgeschaltet wurden. Mindestens zwei Frauen hatte sie sogar um ihr Leben gebracht. „Verdient hätte sie das Zuchthaus allemal", widersprach sie Rüdiger deshalb. „Aber egal, wo man sie in Sicherungsverwahrung geben wird: Ich glaube, von Bethmännchen habe ich vorläufig erst einmal die Nase voll.
Obwohl – verdammt lecker sind sie schon!"

FRANKFURTER BETHMÄNNCHEN

Zutaten

80 g gemahlene Mandeln
200 g Marzipanrohmasse
80 g Puderzucker
1 Eßl. Rosenwasser
2 Tropfen Bittermandel
1 Eigelb
60 ganze Mandeln
1 Eigelb zum Bestreichen
1-2 Tl. Rosenwasser

Zubereitung

Zunächst werden die Mandeln gehäutet. Das geht am einfachsten, wenn man sie mit kochendem Wasser übergießt und ein paar Minuten darin liegen lässt. Zum Abtrocknen auf ein Küchenkrepppapier legen. Marzipanrohmasse in Stücke schneiden, den Puderzucker dazu sieben, gemahlene Mandeln, Rosenwasser und Eigelb zugeben und alles mit den Knethaken des Handrührgerätes mischen. Ein Backblech mit Backpapier auslegen. Aus dem Marzipanteig mit bemehlten Händen kleine Kugeln formen. Den Backofen auf 175° Ober-/Unterhitze vorheizen. Die ganzen Mandeln vorsichtig der Länge nach halbieren und die Kügelchen mit jeweils drei Mandelhälften verzieren. Das Eigelb mit Rosenwasser oder Zuckerwasser verquirlen. Die Bethmännchen damit bestreichen und ca. 8 - 10 Min. goldgelb backen. Zur Aufbewahrung die abgekühlten Bethmännchen in eine Blechdose schichten. Zwischen jede Lage ein Pergament- oder Butterbrotpapier legen.

LIEBSTÖCKEL

Ingrid Reidel

Franz, du sollst immer an meiner Seite sein. Oh mein Geliebter, ich konnte es gar nicht ertragen, dass du da unten in der kalten Erde ganz allein ausharren musstest. Deswegen habe ich gestern Nacht etwas intensive Grabpflege betrieben und dich heimgeholt in deinem metallenen Gefäß.

Ach, Franz, was warst du doch für ein guter Mensch. Und ich habe dich so geliebt. Hach, die Liebe, die ging bei uns durch den Magen. Weißt du noch, an unserem letzten Abend?

Da durfte ich mir etwas wünschen. Und ich wünschte mir dein göttliches ‚Boeuf à la François'. Während du in der Küche kochtest, deckte ich den Tisch besonders schön mit Rosen, und ich sorgte auch für die Getränke. Ich wählte einen extra schweren, süßen Wein. Wir saßen am Tisch. Das Gericht, das du gezaubert hattest, war wie immer ein Gedicht.

„Weißt du, mein Mädchen“, sagtest du in deiner unnachahmlichen Art. „Das Wichtigste beim Kochen sind die Gewürze und die Kräuter. Man muss auf den

Pfeffer aufpassen, Majoran, Estragon, Liebstöckel."

„Ja, Schatz", pflichtete ich dir bei. „Das eine Mal, als ich gekocht habe, hast du es nur aus Liebe gegessen."

Plötzlich! Du fasstest dich ans Herz. Ruckartig sprangst du von deinem Stuhl auf und rangst nach Luft. Du hecheltest. Weißer Schaum lief aus deinem Mund. Und dann fielst du um. Ich konnte es nicht mit ansehen. Den weißen Schaum wischte ich weg, und ich schloss dir die hervorgequollenen Augen. Oh, du armer Franz! Was sollte ich nur machen? Ich rief den Notarzt.

„Wie ist es denn passiert?", wollte der schnell herbei geeilte, etwas blasiert wirkende junge Mann wissen.

„Er fiel einfach um, nachdem er sich ans Herz gefasst hat", antwortete ich. „Ja, um Franzens Gesundheit steht es leider nicht zum Besten", schob ich aufgeregt nach. „Sein Übergewicht, das sehen sie ja. Er hatte schon einmal eine Herzattacke. Das war vor dem Bypass. Oh, der Arme!" Hektisch schnappte ich nach Luft. „Und Herzschmerzen hat er eigentlich immer und auch Bluthochdruck. Und seine Lippen sind ständig blau …"

„Ihr Mann ist tot", antwortete der Arzt ohne ein Anzeichen einer Gefühlsregung. „Wahrscheinlich

Herzversagen. Um Genaueres zu erfahren, müssten wir ihn obduzieren. Wollen Sie das?"

„Nein, nein, auf gar keinen Fall. Mein Franz soll unversehrt ins Paradies gehen", antwortete ich schnell.

Ich erinnere mich noch wie heute, wie ich Franz kennenlernte. Es war vor über zwanzig Jahren in einem bekannten und ehrwürdigen Café in Frankfurt, in der Nähe des Palmengartens. Dieser Mann mit der kräftigen Statur, der dort auf dem roten Samtpolster in einer Ecke des Caféhauses Siesmayer saß, gefiel mir auf Anhieb. Eine zierliche Frau wie ich braucht eine starke Schulter zum Anlehnen, einen Bär halt, dachte ich. Und dann: Die Art, wie er seinen Tee nahm, mit etwas leicht gespreizten Fingern und die ausschweifende Bewegung, mit der er seine Kuchengabel zum Mund führte. Das strahlte etwas Hingebungsvolles aus. Wir kamen ins Gespräch und verabredeten uns.

Drei Tage später klingelte ich an seiner Tür. Ich trug einen kurzen, schwarzen Rock und Nylons mit Naht. Franz dagegen war bekleidet mit einer sandfarbenen Samtcordhose, in deren Mitte eine konservative Falte eingebügelt worden war, einem beigen Hemd und einem altmodisch in Brauntönen gehaltenen Pullunder mit Rautenmuster. Sein Aufzug wirkte tonlos und etwas altbacken, bis auf die im krassen

Gegensatz dazu stehende buntgeblümte Schürze, die er sich über den Bauch gebunden hatte und die hinten zu einer sorgfältig gestärkten Schleife verknotet war. Der Aufzug gab dem Ganzen etwas Drolliges.

Ohne mein Äußeres zu beachten, bat er mich in seine 4-Zimmer-Wohnung in einer alten Villa im Westend. Ich war enttäuscht. Hatte ich doch vorhin eine halbe Stunde gebraucht, bis die Naht richtig saß.

Das Zimmer, in das er mich führte, wirkte wie aus dem vorigen Jahrhundert. Ein runder Tisch mit einer gehäkelten Decke, Meisner Porzellanfigürchen auf dem dunklen Mamorsims des Kamins, der heimelig knisterte. Eine alte, robuste Standuhr tickte. Obwohl ich alles sehr altmodisch fand, fühlte ich mich irgendwie wohl.

Franz setzte mich an den reichlich gedeckten Tisch und entkorkte eine Champagnerflasche.

„Aber, aber, ich muss doch noch nach Hause fahren", wehrte ich ab.

„Das lassen Sie mal meine Sorge sein", sagte er mit einem plötzlichen Anflug von Autorität. „Nun kommt der erste Gang, meine Liebste. Es ist eine Bouillabaisse mit Hummerschwänzchen. Und das ist nur der Auftakt."

Und genauso war es. Es war nur der Auftakt. Danach servierte er ein Chateaubriand mit Pommes de Dauphin an Sauce Béarnaise. Dann ein Sorbet, Zabaglione, Schokokuchen und Eierlikör, alles aus eigener Produktion. Ich fühlte mich gesättigt und behaglich wie nie. Und ich war froh, dass er mich nicht verführte, ich wäre zu nichts mehr fähig gewesen.

Später im Taxi, das mir Franz gerufen hatte, ließ ich den Abend Revue passieren. Der Mann war schon eigenartig, so etwas hatte ich noch nie erlebt. Meistens wollten meine Liebhaber gleich mit mir ins Bett, Franz dagegen machte gar keine Anstalten, mich auch nur im Geringsten zu berühren. Und ich hatte einiges zu bieten: Lange Beine bis zum Himmel, blondes Haar, eine Wespentaille, dass es einem schwindelig wurde. Nicht zu vergessen, den Augenaufschlag einer Audrey Hepburn, den ich mindestens hundertmal vorm Spiegel geübt hatte. Ich war es gewohnt, sich im Auto, am Strand und auf der Parkbank zu lieben. Ja, ich hatte die sexuelle Revolution erlebt unter dem Motto: Wer zweimal mit derselben pennt, gehört schon zum Establishment. Mit achtzehn warf ich meinen BH in den Mülleimer als Zeichen meiner inneren Befreiung und heftete mir stattdessen eine lachende Rolling-Stones-Zunge auf die Bluse. Zwei Monate später packte ich die Koffer, weil ich die antiquierten Ansichten meiner Mutter nicht mehr ertragen konnte, und zog in eine WG. Nach der ersten Abtreibung bei irgendeinem Quacksalber, zu dem mich einer meiner Bettgenossen geschleppt hatte, ließ ich mir die Pille verschreiben. Von ihr bekam ich zwar Kopfweh, aber das war immer noch besser als gebären zu müssen, nur weil meine Mitbewohner ihre Triebe nicht unter Kontrolle halten konnten. Kurzum, ich war eine moderne, selbstbewusste Frau mit einer modernen, eigenverantwortlichen Einstellung zur Sexualität. Und dann so etwas! „Obwohl“, gestand ich mir ein, während ich versonnen die vorbeirauschende Landschaft hinter dem Autofenster betrachtete, „so war es auch mal schön!“

Wir trafen uns nun immer öfter. Und dann … eines Tages war es soweit, er zog mich ins Schlafzimmer. Dieses Mal hatte ich ein durchsichtiges Kleidchen angezogen, und ich war mir sicher, dass er mich einfach umwerfend finden musste.

„Schließ die Augen, Mädchen“, befahl er mir. Und dann nahm er mich in seine kräftigen Arme und trug mich ins Bett. „Ich schätze ...“, hauchte er mir ins Ohr.

„Ja?“, stöhnte ich und schob mein Kleid nach oben.

„... deinen guten Appetit.“

Ich schlug die Augen auf. Überall im Zimmer waren kleine Häppchen aufgebahrt. Auf der Kommode, auf den Nachttischchen und sogar auf der Bettkante. Dazwischen ein Meer von Kerzen. Es roch nach Koriander, Zimt und Gebratenem. Der Abend war ein Genuss … nicht erotisch, dafür kulinarisch.

Nach einem halben Jahr heirateten wir. Franz hatte für die Hochzeit vorgekocht, denn die Angebote verschiedener Gastronomen entsprachen nicht seinen Erwartungen. Und dann vergingen die Tage … Einer wie der andere, immer gleichbleibend. Franz hatte seinen Job bci seiner Firma gekündigt, um sich ganz der Arbeit als Hausmann widmen zu können. Ich verdiente genug für zwei.

Nur einmal hätte es mir zu denken geben müssen. Es war im Sommer, und ich leistete mir die Annehmlichkeit leichter Bekleidung im Büro. Und da geschah es. Während einer Besprechung mit meinem Chef fiel mir ein Bleistift vom Schreibtisch, weswegen ich mich bücken musste. Und gerade in diesem Moment spürte ich den stechenden Blick meines Chefs in meinem Dekolleté. Errötend blickte er zur Seite, als er bemerkte, dass ich es gesehen hatte.

Zu Hause stellte ich mich gleich vor den Spiegel und betrachtete meine Figur. Und tatsächlich! Ich hatte zugenommen. Aber nicht nur der Busen, sondern auch der Bauch. Die Waage bestätigte meinen Verdacht, fünf Kilo mehr.

„Schau mal, Franz, ich habe zugenommen.“

„Ach“, sagte Franz schmunzelnd, „ich geh mit dir durch dünn und dick.“ Er drückte mich an seinen wohlgenährten Bauch, bugsierte mich in die Küche und hielt mir dort eine frisch zubereitete Schwarzwälder Kirschtorte unter die Nase.

Als Nächstes bekam ich Größe 44 nicht mehr zu, die Hose zwickte und an der Bluse sprang immer wieder der Knopf auf. Meine Freundinnen neckten mich, und ich ließ mich dazu breitschlagen (was für ein widersinniges Wort in meiner Situation), die Weight Watchers zu besuchen. Doch für Franzens Tiramisu mit vier Eiern und 500g Mascarpone reichte mein Lebensmittelkontingent leider nicht aus und platzte aus allen Nähten.

Inzwischen hatte sich Franz in der Küche weiter gesteigert. Seine Braten wurden noch schmackhafter und mit noch mehr Sößchen und Schmand angerichtet. Und hinterher gab es immer eine wunderbare Dessertüberraschung. Also wenn ich an die denke …

Dennoch zeigte die begonnene Diät erste Resultate, bis mein Schatz nach zwei Wochen Hungern eine herrliche Crème brûlée zauberte. Wir aßen sie nach dem fetten Schweinebraten mit Sauerkraut, Schmand und Speck, angerichtet an Kartoffelbrei –

und der ganze Erfolg meines Mühsals war dahin.

Als ich die achtzig Kilo erreichte, hörte ich mit dem Schwimmen auf, weil ich mich im Badeanzug schämte. Zwei Jahre später hatte ich die Fünfundachtzig-Kilogrenze durchbrochen, und da fasste ich einen folgenschweren Entschluss. Ich kaufte uns Skier, denn Skilaufen verbraucht, wie mir der Verkäufer versicherte, ungemein viele Kalorien.

„Oh, wie wundervoll", rief Franz aus. „Wir fahren in den Schnee, und ich leg` noch eins drauf. Ich buche für uns das beste Hotel, eines, ausgezeichnet mit dem Guide Michelin und drei Kochmützen."

Franzens erste Abfahrt war auch seine letzte. Ich sehe ihn jetzt noch die Piste hinunter segeln, aber nicht elegant, wie eine Windjammer im Sonnenuntergang, sondern eher wie ein dicker, sinkender Dampfer, dessen Mannschaft vor Angst über Bord gesprungen ist, und der nun ziellos durch die sieben Weltmeere schlingert – jedenfalls direkt auf einen Baum zu. Franz stürzte, überschlug sich und brach sich ein Bein. Nach ein paar Tagen in der Klinik durfte er den Rest des Urlaubs im Hotel verbringen.

Die Anteilnahme der Hotelbelegschaft war rührend. Der Hotelier brachte meinem Mann höchstpersönlich das Essen aufs Zimmer. „Gnädiger Herr, wir würden so gerne ihr Leid erträglich machen. Mit was könnten wir ihr Herz erfreuen? Wir bieten hier im Haus zum Beispiel ein paar Kurse an."

„Ach, das ist sehr nett", antwortete mein Mann. Er fragte nach den Kursen.

Der Hotelier hob sein Doppelkinn. „Servietten falten, Röschen mit Moosgummi gestalten – und ein Kochkurs." Und nun raten Sie mal, für welchen Kurs er sich entschied?

„Mädchen", sagte er zu mir, „ jetzt hat doch noch alles einen Sinn, der Urlaub, der Sturz. Und nun stehe ich das erste Mal in meinem Leben neben einem leibhaftigen Spitzenkoch. Weißt du, mein Mädchen, ich habe mir ja alles nur durchs Fernsehen beigebracht. Wilmenrod, Alfredissimo, Lafer, Kochduell, Lanz kocht … Und bald gibt es einen neuen Stern am Himmel: Franz kocht."

Mit diesen Worten humpelte er in die Hotelküche und ließ sich auf einen Stuhl plumpsen, wo er den Rest des Urlaubs verbrachte. Ich, die ich ja alleine auch nicht auf die Piste wollte, entschied mich für den Moosgummikurs und aß, was aus der Hotelküche serviert wurde. Es hatte unzweifelhaft Franzens Charakter. Denn längst hatte er den Küchenchef davon überzeugt, dass die Tomatensuppe mit Sahne und einem Schuss Gin doppelt so gut schmeckt. Der Urlaub kostete mich weitere fünf Kilo. Und während der nächsten Reisen verbrachte ich die Autofahrt auf dem Rücksitz, weil Franz auf dem Beifahrersitz das komplette heimische Kochgeschirr samt Profimesser und Probierlöffel lagerte.

Auch zu Hause ging unser Leben gerade so weiter. Mein einziger Sport bestand darin, die Küche sauber zu machen. Dieses hohe Amt hatte nämlich mein Göttergatte abgelegt, nachdem er erfahren hatte, dass Spitzenköche dafür ihr Personal haben. Stattdessen sagte nun mein Schatz:

„Spül mal bitte die Entenpresse, mein Mädchen“, oder „mach bitte den Bain-Marie richtig trocken, dass er nicht rostet.“

Einmal belegte ich einen Ernährungskurs bei der hiesigen Volkshochschule. Der Ernährungsexperte meinte, dass mein Gewicht von den vielen Verdickungsmitteln herrühre, und riet zu mehr Bewegung. Ich kaufte mir ein Zelt und ging zum Breitensport. Oh, Schreck, da war es ja wieder das Wort, das ich so hasste, aber „Schmalensport“ gibt es ja nicht!

Wissen Sie, wie es ist, wenn man darbt und der Partner aus dem Vollen schöpft?

Nach einer Woche hatte ich die Nase voll und aß wieder, was mir Franz kredenzte, ab jetzt immer mit einem Amuse-Gueule vorweg, einem köstlichen Gruß aus der Küche. Das brachte mir die nächsten fünf Kilo ein. Mit Fünfundneunzig brach ein Stuhl; außerdem bekam ich Angst, dass ich bald nicht mehr werde laufen können.

„Schatz, ich habe gehört, dass es mit weniger Zucker auch …"

„Mein Mädchen, lass das meine Sache sein. Übrigens … ich habe heute ‚Oeufs avec Pomme de terre mit Sauce aux fines herbes' gemacht."

„Wie bitte?"

„Eier mit Frankfurter grüner Soße an neuen Kartöffelchen."

Das Lieblingsgericht der Hessen mit sieben frischen Kräutern – Borretsch, Kerbel, Kresse, Petersilie, Pimpinelle, Sauerampfer und Schnittlauch – von Franz neu aufgelegt und zur Krönung mit einer Physalis garniert, schmeckte vorzüglich. Ich aß gleich zwei Teller davon. Für eine halbe Stunde war alles wieder gut. Solange, bis die unzähligen Häkchen meines eh sehr einengenden Korsetts abkrachten, als ich tief Luft holte.

„Übrigens hab ich da einen Laden gesehen", sagte Franz beiläufig. „Drulla Popokän, oder so. Da gibt es auch Kleidung in großen Größen." Ich lächelte verzweifelt. Franz nahm mich zwischen seine kräftigen Oberarme und versuchte, mich zu trösten. Das erste

Mal drehte ich abwehrend den Kopf zur Seite. „Schatz, so kann es nicht weitergehen, ich platze bald“, raunte ich verzweifelt.

Mit sechsundneunzig Kilo traf ich eine bahnbrechende Entscheidung: Es dürfen keine Hundert werden! Damals war mir noch nicht klar, wie ich das schaffen könnte. Doch mein Vorhaben ging mir nicht mehr aus dem Kopf.

Ich konsultierte meinen Arzt wegen angeblicher Schlafstörungen und ließ mir starke Medikamente verschreiben. Die Waage behielt ich im Auge. Wie gesagt, die Hundert war die Schallmauer. Einmal dachte ich, das öde Ding wäre kaputt. Ich hatte ein Kilo abgenommen. Aber als ich mich nach dem Valentinstag mit Franzens selbstgemachten Pralinen wieder darauf stellte, hatte ich das Gefühl, dass sie mich hämisch angrinste. Vor Kurzem zeigte das Folterinstrument 99,9 Kilo. Jetzt musste ich agieren. Aber es war nicht leicht.

Beinahe hätte Franz mich erwischt, als ich seinen Wein an der Anrichte manipulierte. Die Küchentüre stand offen, und er konnte mich beobachten. Aber ich verbarg mein Tun hinter der großen Stehleuchte. Ich hatte besonders viel von dem schweren, süßen Wein eingegossen. Wobei ich aufpassen musste, dass mir meine plötzlich auftretenden Tränen nicht ins

Glas tropften.

Beim Essen sorgte sein aufwendiges Boeuf dafür, dass Franz erschöpft war und seine Aufmerksamkeit litt, als er den Wein trank. Und er trank reichlich, weil ihm heiß war vom vielen Kochen.

Franzens Todeskampf war die Hölle für mich. Aber es musste sein. Ich merkte, wie sehr ich ihn liebte, und beinahe hätte ich ihn mit Mund-zu-Mund-Beatmung reanimiert. Nur unter Qual schaffte ich es doch noch zu warten, bis Franz aufhörte zu atmen. Mir zerriss es fast das Herz, als er seine letzten Züge tat. Den Rest kennen Sie ja.

Übrigens: dem neugierigen Gärtner vom Frankfurter Hauptfriedhof habe ich heute Morgen noch einen Hunderter in die Tasche gesteckt, weil er mir unangenehme Fragen zu der ungleichen Erddecke auf Franzens Grab stellte. Es war wirklich schwierig gewesen, die Narbe über dem Loch der ausgegrabenen Urne zu vertuschen. Bei finsterer Nacht und meiner Nervosität war es mir nur unzureichend gelungen, das Grab wieder völlig in seinen Urzustand zu versetzten.

Aber jetzt bekommt mein Schatz erst einmal einen schönen Platz am Herd. Ab und zu muss ich ihn ja nach seinem Rat fragen. Grad beim Liebstöckel tue ich mir schwer.

Boeuf à la François

Für 4 Personen

Zutaten

1000 g Rinderbraten
300 g Karotten
1 rote Chilischote
30 g Ingwerwurzel
2 Zwiebeln, 2 Knoblauchzehen
1 Bund frischer Thymian
2 Eßl. Tomatenmark
Olivenöl, Butter
1 l Rotwein
1 kleines Glas Cognac
1 Orange
Salz, Pfeffer, Zucker

Zubereitung

Fleisch in 4 cm große Würfel schneiden und salzen. In einem Schmortopf Olivenöl und Butter heiß werden lassen und Fleisch von allen Seiten anbraten und herausnehmen. Chilischoten, Ingwer, Zwiebeln und Knoblauch fein hacken und in der Öl-/Buttermischung zusammen mit Tomatenmark und einer Prise Zucker andünsten. Karotten schälen, in grobe Stücke schneiden und mit dem Fleisch in den Schmortopf geben. Mit Cognac ablöschen. Dann mit Wein auffüllen, Thymian dazugeben und aufkochen lassen. Schaum abschöpfen und mit Deckel bei reduzierter Hitze ca. 3 Stunden schmoren lassen. Fleisch und Karotten herausnehmen und warmstellen. Den Fond durch ein Sieb drücken, aufkochen und auf die Hälfte reduzieren. Mit dem Saft der Orange, Salz und Pfeffer abschmecken. Das Fleisch und die Karotten dazugeben und alles noch einmal erwärmen und dann servieren. Dazu passen breite Eiernudeln oder Baguette.

i
CARROT
A LOT
ABOUT YOU
LISTEN
TO MY
HEARTBEET

CARPACCIO

Tanja Konopka

„Auch in Dir wohnen zwei Tiere, ein Hund und ein Wolf.
Der Hund ist gut, der Wolf ist böse.
Immerzu kämpfen sie miteinander.
Derjenige wird gewinnen, den Du am besten fütterst.“
(Nach einem indianischen Sprichwort)

Kennen Sie Anzefahr an der Weil? Die kleine Gemeinde im Hochtaunus zwischen Limburg und Wiesbaden? Dann gehören Sie entweder zu den Menschen, die dort leben, oder Sie erinnern sich daran, den Namen dieses lieblichen Örtchens vor einigen Jahren in der Hessenschau gehört zu haben. Klingelt es? Richtig, es ging um den Beitrag der in Anzefahr wohnhaften Naturschützerin Katrin Unger, die im Batman-Kostüm für die Errichtung von Fledermausnistkästen vor die Kamera schwebte. Der Ortsvorsteher gab einen interessanten Bericht über die Langohrfledermaus zum Besten und einer der Kameramänner schwenkte gekonnt zu glücklich lächelnden Anwohnern, die neben ihres Insektenhotels nun auch die ersten Behausungen für die kleinen fliegenden Nachtkobolde geöffnet hatten. Ja, die Bürger Anzefahrs konnten sich fürwahr naturverbunden nennen. Und wie so oft in Klein-Territorialen mit ungünstiger Verkehrsanbindung und sinkender Einwohnerzahl, so bezeichneten sich auch die Anzefahrer als wahre Patrioten. Sie liebten ihr Dorf und ihr Land und die Menschen, die dort lebten. Jeder interessierte sich für die Sorgen und Nöte des anderen und versuchte zu helfen und sich einzubringen, wo es nur ging. Der Hahn durfte krähen wie und wann er wollte, und so manch einer sah den äsenden Rehen des nahen Waldes nachsichtig dabei zu, wie sie sich an den Azaleen oder frisch geschlüpften Tulpenköpfen in seinem Garten gütlich taten. Hier war die Welt wirklich noch in Ordnung. Bis …

Alles begann damit, dass Lord Nelson gefunden worden war. Wie ein Lauffeuer züngelte die Nachricht durch die Straßen. An der Keilmann-Ecke, an der sich die Bushaltestelle und Tonis-Lottolädchen befanden, lebte sie zu Höchstform auf. Sie erreichte Schmitts Ernas Fensterbank, mischte die Gespräche der frühen Friedhofsbesucher auf und waberte dann zielgerichtet auf die einzigen Anzefahrer Lebensmittelgeschäfte zu, den Hinnerbäcker und Knuts Metzgerei: Lord Nelson war tot! Irmgard Kling hatte ihn – oder das, was von ihm übrig war – in den seichten Nebelschwaden des frühen Morgens oberhalb des Dorfes bei den drei Judeneichen erblickt. Die Suche nach Lord Nelson befand sich mittlerweile in der zweiten Woche und der Eifer der ersten Tage war nach vollem Einsatz der Polizei, aller Einwohner und auswärtigen freiwilligen Helfer ein wenig erlahmt. Irmgard Kling hatte ihn nicht gesucht, sie war beim Kräutersammeln über ihn gestolpert. Auch wenn es sich bei Lord Nelson um einen ausgewachsenen Mischling handelte, so sprach man im Nachhinein über den vom Fell befreiten, schrecklich zugerichteten Körper des „kleinen Rackers". „Kleiner Racker", diese Bezeichnung entsprach durchaus nicht der Wirklichkeit, aber dieses Phänomen ist ein durchaus Alltägliches: Die negativen Details werden ausgeblendet und eine in unangemessener Weise beschönigende Darstellung bleibt zurück. Tatsächlich konnte niemand im Ort diesen Hund leiden, außer seinem Besitzer, Herr Schuhmacher, Flugkapitän im Ruhestand. Und Oskar Mittelberg vielleicht. Aber der war taub und bekam nicht mit, dass Lord Nelson das ganze Dorf inklusive der zwei Aussiedlerhöfe mit seinem Gebell tyrannisierte.

„Der Kapitän hätte sich doch lieber einen Papagei zulegen sollen", teilte sich Josephine Berger ihrer Gesprächspartnerin Anna Peacock mit. „Der kann höchstens wegfliegen. Und wenn er bleibt, dann altert er auch nicht so schnell wie ein Hund und man hat viel länger von ihm." Die beiden Damen belagerten wie jeden Vormittag die einzigen Bistrostühle im Verkaufsraum von Knuts Metzgerei und warteten darauf, dass das Tagesmenü zur Ausgabe bereitstand. „Er wollte ja auch immer einen Papagei“, belehrte sie Anna Peacock. „Aber dann kam sein Enkel mit diesem kleinen verstörten Vierbeiner, drückte ihm das Körbchen mit dem Findelkind in die Hand und geschehen war es um den alten Knaben mit seinem Wunsch nach einem Papagei. Doch der Name blieb: Lord Nelson.“

„Lord Nelson, wie unpassend für einen Hund!“ Josephine Berger redete sich in Rage. „Wenn ich mir ein Kind wünsche, und wähle so für mich schon mal den Namen Bianca aus, dann kann ich den doch auch nicht auf Tuten und Brechen durchsetzen, wenn es dann doch ein Junge wird!“

„Auf Tuten und Blasen, meine Liebe“, lächelte Frau Peacock nachsichtig.

„He?“

„Tuten und Blasen. Oder Biegen und Brechen.“ Die Silben der einzelnen Wörter standen abgehackt und kerzengerade im Raum.

Josephine Berger blickte säuerlich. Das war er wieder, der Augenblick, in dem sie sich ernsthaft zur Räson rufen musste. Schließlich half es niemandem, sich wegen einer albernen Besserwisserei in die Haare zu kriegen. Und man war ja auch aufeinander angewiesen. Der tägliche gemeinsame Gang zur Metzgerei verkörperte den Versuch einer fast verzweifelt aufrechterhaltenen Unabhängigkeit, ein stiller Schlachtruf, dass das Schicksal einen noch nicht in die Knie gezwungen und aus den eigenen vier Wänden hinaus in eines der anonymen Altersheime katapultiert hatte! Und das Mittagessen hier hatte ohne Zweifel einen guten und preiswerten Ruf über die Grenzen Anzefahrs hinaus. Etliche Berufskraftfahrer und Außendienstler nahmen den Umweg in den Hochtaunus auf sich, um „Knuts Warme Theke“ in Anspruch zu nehmen. Aber die Angewohnheit dieser alten Schachtel mit ihren 89 Jahren, ihre ungebetenen Belehrungen als Zeichen ihrer besseren Bildung hinauszuposaunen, wurde von Jahr zu Jahr schlimmer.

„Nicht nur das Fell haben sie ihm abgezogen, das Fleisch haben sie ihm von den Rippen geschält!“, erboste sich Josephine Berger und konzentrierte damit ihre Wut wieder auf das eigentliche Thema.

„Von den Rippen geschält“, repetierte Anna Peacock mit hochgezogener gemalter Augenbraue, „ich habe gehört, dass der Kadaver ab-ge-nagt war, nicht ab-ge-schält.“

„Und ich sage, Lord Nelson wurde regelrecht fi-letiert!“ Josephine Berger klopfte zur Bestätigung ihrer Aussage mit dem Gehstock auf den Fliesenboden.

„Vanessa … “, Knut Brandt bekam den Rest der Unterhaltung nicht mit. Er ließ seine Verkaufstheke in der Obhut von Mirka, der polnischen Verkaufskraft und stürzte durch die Schiebetür in den hinteren Teil des Ladens, wo seine Frau gerade eine paar erstklassige Fleischstücke durch den Fleischwolf schob.

„Vanessa“, zischte er mit bangem Blick zum Verkaufsraum, „der Lord Nelson … er ist tot … du warst doch gestern Abend noch weg …. Du hast doch auch immer so auf ihn geschimpft … hast du etwa …“

Vanessa schnitt ihm das Wort ab: „Hör auf, so einen Mist zu denken und den auch noch auszusprechen“, fuhr sie ihn an. „Na klar, ich schufte hier wie eine Blöde, und wenn ich mir dann mal eine Auszeit gönne, dann fahr ich los und kill kleine Hunde.“ Ihr Blick war eher eine Maske der Verachtung als eine der Empörung. „Du traust mir echt alles zu. Ach lass mich, du Weichei“, sagte sie und schob seine Hand weg, die sich beschwichtigend ihrer Schulter nähern wollte. „Aber Vanessa …“

„Halts Maul! Ich hab den Köter nicht umgebracht, auch wenn ich ihm tausendmal den Tod gewünscht hab. Wie wir alle übrigens.“ Mit verschränkten Armen stand sie in der Wurstküche. „Was wirfst du mir als Nächstes vor?

Das, was ihm seit Monaten alles im Kopf rumging,

traute er sich nicht zu äußern. Und Vanessa brauchte seine ausgesprochenen Vermutungen nicht, um auf Hochtouren zu kommen.

„Ich möchte mal wissen, ob andere Ehemänner auch ständig mit so einer weinerlichen Flappe vor einem stehen und vor sich hin muffeln."

„Wie meinst du das denn?", wagte er zu fragen.
„Entweder du stinkst nach Schlachterei oder nach Bier – ich könnte kotzen! Und dann ständig diese weiße Kittelschürze. Manche Männer können anziehen was sie wollen, denen steht einfach alles." Vanessa lächelte hämisch. „Du gehörst leider nicht dazu."

„Du musst es ja wissen", murmelte er kleinlaut.
„Ha!", rief sie, „was willst du denn damit sagen?" Ein Weckglas mit Fleischbrät verfehlte nur um Zentimeter seinen Kopf. Mit einem lauten Knall landete es neben der Spüle und zerbarst in tausend Teile.

Knut biss die Zähne zusammen und atmete tief durch. „Dem Tobias Vonbohr machst du immer ganz besonders schöne Augen, wenn er in den Laden kommt." Er verhaspelte sich ein bisschen, weil die Worte schnell heraus wollten, bevor er sie wie gewohnt unausgesprochen herunterschluckte. Es war aber auch ein heikles Thema! „Er trägt keinen Kittel. Er ist Beamter", setzte er mutig noch einen drauf.

„Jetzt bist du auch noch eifersüchtig auf den Vonbohr, das wird ja immer schöner."

„Kannst ruhig ‚Tobi' sagen, tust du doch sonst auch." Knut wunderte sich über seine Courage. Seine Brust fühlte sich geschwellt wie bei Superman an. Er konnte sich nicht erinnern, wann er seiner Frau das letzte Mal kontra gegeben hatte.

„Sag mal: geht's noch?" Vanessa kam gefährlich nah auf ihn zu. Knut schluckte. Irgendwann würde er während der Hauptverkaufszeit, mitten in seiner Wurstküche von ihr gewürgt werden. Wenn sie diesen Erregungszustand erreicht hatte, ihr die Augen wässrig hervorquollen und das Gesicht gerötet war wie ein gekochter Hummer, musste er sich in Acht nehmen. Dummerweise sah er vor sich, wie aus der aufblasbaren Heldenhülle, die ihn eben noch umgab, der Stöpsel gezogen wurde. Die Luft entwich und das Plastikgewand sackte traurig zu seinen Füßen herab.

Vanessas Stimme erklang dicht vor seinem Gesicht. Er spürte ihren Atem, heiß und giftig. Er stand in krassem Gegensatz zu ihren Worten, die wie Eissplitter gegen seine Nase prallten: „Braucht man zur Eifersucht nicht eigentlich ein paar Gehirnzellen mehr als die, die du mit auf den Weg bekommen hast? Du kranker, armseliger Idiot."

„Herr Brandt, haben wir noch Stangen von Ahle Worscht für Verkauf?" Mirka steckte vorsichtig ihren Kopf durch die Tür. Wenn jemand auch nur ansatzweise etwas von den katastrophalen Umgangstönen der Brandts mitbekam, dann war es sie.

„Ich komme." Knut Brandt ergriff die Flucht nach vorn.

***

„Heut nur zwei Portionen grüne Soß, bittschön. Ja, ruhig zwei Eier mehr. Meinem Mann nicht so viel Kartoffeln. „Low Carb", gell, Herr Brandt." „Ist recht, Frau Duderstadt." Knut Brandt quittierte das Wortschatz-Portal seiner Kundin mit einem anerkennenden Lacher, während er die Bestellung in die Styroporschalen füllte.

Doch ihm war gar nicht zum Lachen zumute. Hinter der geschlossenen Tür zur Wurstküche hörte er Vanessa am Fleischwolf arbeiten. Eigentlich seine Aufgabe, weil er diese Arbeit so liebte. Er empfand sie als sinnliches Vergnügen, wie es vielleicht nur jemand vom Fach nachvollziehen kann. Es war ein Akt des Erschaffens, Neu-Formens. Die saubere Fleischmasse durch seine Hände gleiten zu spüren mit dem Wissen, dass aus bester Qualität nur beste Erzeugnisse produziert werden konnten, war ein berauschendes, aber auch ein beruhigendes Gefühl. „Knutchen braucht keine Spieluhr zum Einschlafen, setz ihn einfach neben den Wolf", das hatte seine

Mutter schon immer gesagt. Heute jedoch verarbeitete sein Gehirn die gedämpften Geräusche des Fleischwolfes, den Singsang der rotierenden Messer, anders als sonst. Sein Gehirn präsentierte ihm zwei Gedankenmuster, die nur schwer miteinander vereinbar waren: die fein zerkleinerte Fleischmasse, wie sie hinter ihm gerade durch die Lochscheibe presste, und ein nasser Laubboden, auf dem ein toter, fast unkenntlich zerstückelter Hundekörper lag. Plötzlich konnte er fast riechen, dass die fein zerkleinerte Masse, die soeben durch Vanessas Hände in die Edelstahlschüssel glitt, nach verdorbenem Hundefleisch stank.

Für einen Moment schloss Knut die Augen. Er wollte nicht, dass er dieser falschen Informationsflut unterlag. Trotzdem stieg Übelkeit in ihm auf.

Seine Frau hatte sich im Laufe der Jahre von einem liebreizenden, zurückhaltenden Mädchen in eine herrschsüchtige, rücksichtlose, alles an sich reißende Furie verwandelt. Seine Ehe ähnelte einer griechischen Tragödie. Knut dachte wehmütig an die ersten glücklichen Jahre. Frischvermählt hatten sie den in die Jahre gekommenen Betrieb seiner Eltern übernommen. Die unscheinbare Dorfmetzgerei war unter Vanessas weiblichem Regiment aufgeblüht. Er hätte das alleine nie geschafft. Unternehmerisches Denken und Kreativität gehörten nicht zu seinen

Fähigkeiten. Sie lachten viel miteinander, damals, und sie betörte und umgarnte ihn, und er, verzaubert wie er war, sah darin die Erfüllung seiner Träume, dass sie jede Nacht in seinen Armen lag. Zugegeben, Vanessas beinahe schon verbissener Kinderwunsch hatte das junge Glück oftmals getrübt. Dass die heißen Liebesnächte ein jähes Ende nehmen würden, hätte sich Knut nie im Traum vorstellen können. Umso brutaler traf ihn dann die Realität: Vanessa wurde Mutter. Sie hatte ihr Ziel erreicht.

„Ich sagte, bitte packen Sie mir noch vier Frankfurter Rindswürste mit ein, Herr Brandt." Die Augen der Kundin waren mit Nachdruck geweitet und der Kopf erwartungsvoll nach vorne geschoben. „Gell, das geht uns allen sehr nahe, das mit dem armen Lord Nelson. Da ist es nicht verwunderlich, dass man nicht ganz bei der Arbeit ist."

„Sie sagen es", murmelte Knut Brandt und zuckte entschuldigend mit den Schultern. Dann lächelte er routiniert. Er nahm den gesamten Einkauf mit zur Kasse, rechnete ab, kam schwungvoll hinter seiner Theke hervor und geleitete die Dame bis zur Tür. Seine Kundinnen liebten diese kleine Geste der Aufmerksamkeit.

Feierabend. Knut atmete auf. Das Konzept der „Warmen Theke" war so gut angelaufen, dass sie mittlerweile den größten Umsatzposten der Metzgerei ausmachte. Auch auf Vanessas Geschäftstüchtigkeit zurückzuführen, dieses Projekt. Darum hatten sie Mirka eingestellt, weil, zumindest zu den Stoßzeiten, eine Verkaufsperson komplett für diesen Thekenbereich abgestellt werden musste. Sie hatten noch eine Aushilfe, aber die war eher für die Sauberkeit und Handlangerarbeiten zuständig. Es wurde Zeit, dass er endlich einen geeigneten Kandidaten für die offene Gesellenstelle fand, wenn ihm schon die Auszubildenden fehlten!

Heute war der Ansturm besonders schlimm gewesen und Vanessa nicht da. Wieder einmal ein ehrenamtlicher Einsatz in einem Kindergarten, bei einer Kaffeeveranstaltung der Freiwilligenagentur oder wo sich seine Frau sonst noch in letzter Zeit herumtrieb. Zu seiner großen Verwunderung hatte sie ihm irgendwann in einem ihrer wenigen Gespräche mitgeteilt, dem Drang folgen zu müssen, anderen Menschen zu helfen. Ihr Engagement für soziale Dienste hatte sich in den vergangenen Monaten enorm ausgeweitet und manchmal plagte ihn das schlechte Gewissen, dass er den reibungslosen Ablauf seines Geschäftes höher gewichtete, als Vanessas, wie sie es nannte, „gute Sache“.

Die Nachmittage ihrer Abwesenheit waren einerseits ein Segen für sein Nervenkostüm, andererseits eine Katastrophe für die Metzgerei. Vanessas Arbeitskraft war schwerlich aufzufangen. Mirka tat ihr Bestes – auch wenn bei ansteigender Belastung die polnische Muttersprache ihre Deutschkenntnisse überlagerte. Und Knut rotierte dann zwischen Warentheke, Kasse und Eingang hin und her und jonglierte wie ein Krake im weißen Metzgerkittel mit Wurstaufschnitt, Schweineschnitzeln, Gulasch und Schwartenmagen.

Als der letzte Kunde den Verkaufsraum verlassen hatte und Mirka damit begann, den Boden vor der Theke ein letztes Mal feucht zu wischen, war für Knut der Tag noch nicht vorbei. Die liegengebliebene Arbeit der letzten Stunden musste nachgeholt werden. Er holte eine der auf ihn wartenden Schweinehälften aus dem Kühlraum und lud sie auf dem großen Schlachttisch im hinteren Arbeitsraum ab. Hier wurde das Material für die weitere Zubereitung vorbereitet und sortiert. Mit einem Ausbeinmesser löste er das Fleisch von den Knochen und schnitt anschließend präzise die Sehnenhaut herunter, die mit allen anderen nicht verwertbaren Substanzen in der Tonne für die Schlachtabfälle landeten. Es war kurz vor Zwanzig Uhr, als Knut die Wohnungstür aufschloss. An der Garderobe tauschte er wie jeden Abend seinen Kittel gegen seine Lieblingsstrickjacke. Und wie immer fiel sein Blick dabei auf die gerahmte Fotografie an der Wand: Vanessa als Steinfurther

Rosenkönigin. Die Aufnahme war mittlerweile knapp dreißig Jahre alt und vergilbte schon leicht, aber ein Hauch des vergangenen Zaubers ging noch von ihr aus. Sie lächelte glücklich in die Kamera und ihr ganzer Körper strahlte zuversichtlich den Glauben an eine perfekte Zukunft aus.

„Vielleicht sollte ich das Bild mal gegen ein neueres von ihr austauschen", murmelte er und freute sich über seinen Einfall, „das Leben ist schließlich kein Ponyhof, Knut. Also lass sie dich ruhig mit ihrer vergammelten Fratze in den Feierabend bugsieren. Das härtet ab." Er grinste schief, ging in die Küche und holte sich ein Bier aus dem Kühlschrank.

Marina, ihre Tochter, war seit zwei Monaten in Australien. Er konnte es zuerst nicht glauben, aber das Mädchen hatte es tatsächlich geschafft, den besitzergreifenden Klauen seiner Mutter zu entkommen. Gleich nach dem Abitur und nachdem das Ticket schon gekauft war, hatte sie ihnen von dem bevorstehenden Auslandsaufenthalt erzählt. Ein Jahr Farmarbeit im Outback – das war sein Mädchen. Ein echtes Naturkind. Nicht studieren wollte sie, sondern etwas mit ihren Händen tun! Bei dieser Verkündung hatte Vanessa getobt wie eine Wilde. Und das galt weniger der niederen Tätigkeit, die ihre Tochter zu verrichten gedachte, als der Tatsache, dass Marina sie verlassen wollte. Die Genugtuung über Vanessas Verlust und natürlich die Freude, die er für seine Tochter empfand, wogen mehr als sein eigenes Schicksal. Und dabei fühlte er sich gerade in letzter Zeit wie ein geprügelter Hund. Es bedurfte keiner Handgreiflichkeiten, um diesen Zustand zu erreichen. Tatsache war, dass er vor zwanzig Jahren wunsch- und befehlsgemäß die Rolle des Begatters angenommen und damit seine Lebensaufgabe erfüllt hatte. Schmerzliche Erkenntnisse müssen manchmal reifen, bis das Gehirn sie akzeptiert; Knut hatte verstanden, dass Vanessa nicht an ihm als Mann, sondern lediglich an seinem Saatgut interessiert gewesen war. Und natürlich an einer soliden Existenz, um ihr Kind aufzuziehen, seine Metzgerei. Eine bittere Lektion für einen Mann sittsamer Korrektheit und verantwortungsvoller Fürsorge, nie der Gefährte des Lebens und der Liebe seiner Frau zu sein. Irgendwann hatte Knut sich damit abgefunden, dass die Metzgerei der einzige Berührungspunkt zwischen ihm und Vanessa darstellte. Auch damit, dass sie ihm verbot, sich an der gemeinsamen Erziehung der Tochter zu beteiligen. Aber ihre herablassende Art, ihr abschätzender Blick und die Gemeinheiten, die sie ihm an den Kopf warf, waren schlimm und wurden immer schlimmer. Zugegeben, Vanessa hatte eine bessere Schulbildung als er genossen. Verbal war sie ihm schon immer überlegen gewesen. Rückblickend fragte er sich, wem er eigentlich den größeren Teil der Schuld geben sollte: Sich selbst, weil er damals den Reizen der Rosenkönigin erlegen war, ohne auf mögliche, die Zukunft bedrohende Standesunterschiede zu achten, oder ihr, die ja schließlich von Anfang an wusste, wem sie ihre Liebe schenkte. „Liebe, pah", sagte Knut. „Deine Liebe zu mir besteht darin, mich nicht aus meinem eigenen Geschäft hinauszuschmeißen und aus dem Dorf zu jagen. Vielen Dank auch dafür, du Giftzahn", prostete er dem Foto im Flur zu, zu dem er, ohne sich daran erinnern zu können, zurückgekehrt war.

„Also wenn Sie mich fragen …"

„Ich habe Sie doch gar nicht gefragt, meine Liebe."

„Ja, aber wenn Sie mich jetzt nach meiner Meinung fragen würden, würde ich Ihnen sagen, dass die Frau geteert und gefedert gehört."

Josephine Berger und Anna Peacock, heute noch früher als sonst unterwegs, standen neben dem Eingang zur Metzgerei und genossen das windstille Sonnenwetter.

„Jeder sollte doch bis zum eindeutigen Beweis seiner Schuld als unschuldig behandelt werden, finden Sie nicht?" Anna Peacocks entschiedene Stimme ließ keine andere Auffassung von Recht und Unrecht zu, doch das interessierte Josephine Berger nicht: „Der Spruch passt doch hier gar nicht“, empörte sie sich. „Wo kein Kläger, da kein Richter. Der Ärmste weiß doch gar nichts davon, dass seine Frau ihn nach Strich und Faden betrügt!“ Zur Verstärkung ihrer Aussage klopfte der Gehstock den Takt. „Und ich bleibe dabei: Teeren und federn sollte man das Weibsstück. Das ist die gerechte Strafe für Falschspieler und Betrüger.“

„Da bin ich aber froh, dass Sie jetzt nicht noch mit dem Ku-Klux-Klan aufwarten, meine liebe Frau Berger – wobei ich meine, Sie in ihrem Garten schon mit so einer weißen Kapuzenkutte habe herumlaufen sehen.“

Josephine Berger lächelte säuerlich. „Die Frau Peacock. Lustig wie immer. „Sie haben sie ja nicht mit zerzausten Haaren aus dem Kegelheim kommen sehen! Und zwei Knöpfe ihrer Bluse waren auch offen! Ich glaube kaum, dass sie gerade mit Muschials Bastian gekegelt hat. Der kam nämlich fünf Minuten nach ihr aus dem Raum.“ Ihre Stimme wurde süßlich, als sie weitersprach: „Und es war Dienstag! Da ist das Kegelheim geschlossen.“

„Wenn ihr Euch erst mal auf jemanden eingeschossen habt, dann ist demjenigen doch eh nicht mehr zu helfen“, entschied Anna Peacock. „Üble Nachrede kann mit Freih-heits-ent-zug bis zu ei-nem

Jahr be-straft werden, liebe Frau Berger.“

Josephine Berger stützte sich kerzengerade auf ihre Gehhilfe, reckte kampfeslustig den Kopf nach vorn und rief: „Nun verlieren Sie mal nicht den Bezug zur Realität, Frau Peacock! Wir sprechen hier nicht über bloße Verdächtigungen, sondern über Fakten. Es ist eine Unterstellung zu behaupten, wir hätten uns alle auf die Vanessa eingeschossen! Und sie setzt ihm ja nicht nur mit dem Bastian die Hörner auf. Mannstoll ist sie, das sage ich Ihnen. Wir alle wissen davon, auch Sie sind keine Unwissende, geben Sie es ruhig zu.“

„Mit ‚wir alle‘ meinen Sie Ihre Koronar-Gruppe, ja?“, fragte Anna Peacock zuckersüß.
„Nein“, antwortete ihre Gesprächspartnerin erbost, „das ganze Dorf weiß davon! Aber wie Sie das betonen: Meine Koronar-Gruppe! Sie sind ja nur neidisch, dass ich mit meinen 89 Jahren noch so sportlich aktiv bin, während Sie …“

Knut hatte genug gehört. Die von der Vormittagssonne aufgeheizte Seitenfront des Hauses, von der Straßenseite aus nicht einsehbar, diente ihm oft als Rückzugsort. Hier gönnte er sich einen Becher Kaffee und wärmte seinen durchgekühlten Körper für ein paar Minuten an der Schieferverkleidung der Hauswand auf. Das Ausbeinen eines Tieres war ein wahrer Knochenjob. Wenn das Fleisch von den Knochen gelöst, und die Sehnenhaut präzise herunter geschnitten war, mussten die mageren von den fetthaltigeren Bestandteilen getrennt werden, um sie später in exakt berechnetem Verhältnis wieder zusammenmischen zu können.

Mit vorsichtigen Schritten vergrößerte er unbemerkt die Distanz zwischen sich und den Damen und pirschte sich an den Hintereingang der Metzgerei heran. Sein Kopf dröhnte und sein Herz klopfte ihm bis zum Hals. Nicht genug, dass er seine schlimmsten Vermutungen bestätigt bekommen hatte, der ganze Ort wusste davon! Und alle heuchelten sie ihm die heile Welt vor. Wie viel Erniedrigung konnte ein Mensch ertragen?

Schweratmend stand er in seiner Wurstküche. Gedämpfte Stimmen aus dem Verkaufsraum. Er hörte Mirka die Kundenwünsche kontinuierlich wiederholen, als wolle sie dadurch an ihrer Aussprache arbeiten. Vanessa unterhielt sich lautstark mit einer weiteren Frau über die Präsidentschaftswahl in Amerika. Vielleicht sogar mit Anna Peacock? Er verspürte keinen Drang, in den Verkauf vorzugehen. Sie würden eine ganze Weile auch ohne ihn zurechtkommen. Bei zu großem Andrang würden sie ihn schon rufen.

„Ach was“, sagte er entschieden. Sie müssten es heute eben ohne ihn schaffen. So aufgewühlt wie er war, konnte er nicht dafür garantieren, sein Gesicht zu wahren. Mit Vanessa zusammen hinter der Wursttheke das harmonische Metzgerehepaar zu mimen fiel ihm schon an anderen Tagen schwer genug. Doch ob er nach der heutigen Enthüllung jemals wieder vor die Leute treten konnte? „Beruhig dich erst mal“, sprach Knut mit sich selbst. Dann steckte er den Kopf in den Laden: „Ich mach jetzt Frankfurter“, rief er in den Verkauf. Das hieß so viel wie: „Ich kann euch jetzt nicht helfen, ich habe keine Zeit.“

Vanessa quittierte die Mitteilung mit erstauntem Blick. Schwer zu sagen, ob dies aufgrund seiner barschen Stimme geschah, oder weil das Wochenende vor der Tür stand. Normalerweise stand die Zubereitung der Frankfurter für Montagmorgen auf dem Programm, aber er brauchte jetzt unbedingt etwas zu tun. Aus dem Kühlraum holte er zwei große Eimer zurechtgeschnittenes, angefrorenes und gewogenes Schweinefleisch. In einem Eimer befanden sich Stücke erstklassiger Qualität, mager und entsehnt. Der andere enthielt vorwiegend Bauchlappen und andere Fettstücke, deren Beigabe für die Geschmacksgarantie unbedingt notwendig war. Beides schüttete er nacheinander in den Cutter und sah zu, wie sich die Masse mit jeder Umdrehung verfeinerte. Dazu kam jetzt ein kleines Säckchen Salz und das Eis, damit die Masse beim Bearbeiten durch die Schneidemesser nicht zu heiß wurde. So war das also. Die Spatzen pfiffen es von allen Dächern. Man konnte ihm vieles vorwerfen, aber paranoid war er nicht, sein Bauchgefühl hatte ihn nicht betrogen. Knut spürte, wie ihn die routinierten Handgriffe beruhigten. Er erhöhte die Cutterdrehzahl auf 3400, gab den Milchzucker und seine Gewürzmischung dazu und beobachtete die weiche flüssige Fleischmasse im Edelstahltrog vor sich. Den Namen Tobias Vonbohr hatten die beiden alten Fetteln gar nicht erwähnt – mit wie vielen Männern ihn Vanessa wohl tatsächlich hinterging? Der mit Brät gefüllte Schafsdarm glitt durch seine Hände und der Würstchenberg vor ihm vergrößerte sich zusehends. Er hätte auf Vorrat produzieren können, doch er bereitete seine Waren wöchentlich frisch zu. Die Stäbe mit den aufgefädelten Wurstketten brachte er zur Räucherkammer. Der Wasserdampf, die Buchenholzspäne und natürlich die ganz besondere Räuchertemperatur waren das Geheimnis seiner Frankfurter Würstchen.

***

„Dich zu heiraten war der größte …“ Weiter kam Vanessa nicht. Die antike Fleischwaage, die als einziges Dekostück in der ansonsten nüchternen Wurstküche stand, sauste mit voller Wucht auf ihren

Hinterkopf. Die Tüte mit den Wurstresten, die sie fürs Wochenende mit nach oben nehmen wollte, entglitt ihren Händen. Erfreulicherweise drehte sie sich nicht um, sodass ihm die Face-to-face-Konfrontation erspart blieb. Wie eine Betrunkene taumelte sie nach vorn in den Raum. Blutiger Schaum sprudelte aus ihrem Mund, was er mehr hörte als sah. Dann sackte sie in die Knie. Knut stellte die Waage zurück auf die Arbeitsplatte. Fasziniert stellte er fest, wie ruhig sein Körper sich verhielt, wie beherzt seine Beine den Weg zu dem gurgelnden Menschenhaufen zurücklegten und sich hinter diesem positionierten. Auch seine kontrollierte Hand, die das Schlachtmesser hielt, imponierte ihm.

„Ich muss dir jetzt etwas sagen, das dir nicht gefallen wird", erklärte Knut und wählte seine Worte mit Bedacht. „Wenn ich mich jetzt nicht räche, werde ich mir das niemals verzeihen. Ich muss es tun. Adieu, mein Liebling." Fast lächelte er. „Mein Liebling" hatte er sie seit Jahren nicht mehr genannt. Es war nie zu einer passenden Gelegenheit dafür gekommen. Er fasste von hinten ihren Kopf, mit einer Hand. Sie wehrte sich nicht. Seine Empfindungen in diesem Moment waren schwer zu beschreiben. Er bestand nicht aus glühendem Hass und somit handelte er auch nicht im Affekt: Er war wie gefroren, seine Gedanken glasklar. Er wusste, dass es für ihn keine andere Möglichkeit gab, um Vergeltung zu üben, dass es seine Aufgabe war, den Akteuren in diesem Drama – und er meinte tatsächlich allen Akteuren, auch dem passiv verstrickten Teil, eine Lektion zu erteilen.

Knut drückte die Klinge an ihren Hals und konzentrierte sich darauf, beim Zustechen nicht nur die Luftröhre, sondern vor allem die Halsschlagader zu durchtrennen. Während der leblose Körper im Hof an einem Haken ausblutete, gönnte er sich eine Pause im Verkaufsraum. Hier, auf einem der beiden Bistrostühle sitzend, verzehrte er eine zurückgebliebene Wurstsemmel und eine Cola aus der Kühlvitrine. Das größte Ausmaß von Knut Brandts Rachefeldzug hätte in diesem Moment noch vermieden werden können, wenn einem aufmerksamen Spaziergänger der mit Blut besudelte Metzgermeister hinter der Schaufensterscheibe aufgefallen wäre. Aber an diesem Nachmittag waren die Straßen Anzefahrs wie leergefegt.

Und so machte sich Knut nach verdienter Stärkung mit seinem Ausbeinmesser an die Arbeit. Was für ein Wink des Schicksals, dass er momentan weder einen Auszubildenden noch einen Gesellen beschäftigte! So würde niemand über die tiefgefrorenen Fleischteile stolpern, die er anteilig dem Schweinefleisch beim Verwursten beigeben wollte. 5% Menschenfleisch in Mortadella, Aufschnittwurst und sogar in der feinen Grillbratwurst würden überhaupt nicht ins Gewicht fallen.

Ihre Spur sollte sich in seinen Wurstwaren verlieren! Von diesem poetischen Gedanken fühlte sich Knut ganz berauscht. Mit ein bisschen Glück würde er bis zur nächsten stichprobenmäßigen Kontrolle des Gewerbeaufsichtsamtes alles verarbeitet haben.

Alle sollten sie von ihr essen, die ganze verlogene Bagage! Gleich zum Wochenbeginn würde er jedem seiner Kunden erzählen, dass Vanessa aus Sehnsucht zu ihrer Tochter kurzerhand nach Australien geflogen sei. Niemand würde an seinen Worten zweifeln; Vanessas Affenliebe gegenüber ihrem Kind war überall bekannt und würde mit einem nachsichtigen Lächeln akzeptiert werden. „Oh, nach Australien ist sie – down under, gell, Herr Brandt." „Ja, gnädige Frau, down under", hörte er sich in Gedanken mit einer Kundin Konversation treiben. Sein Lachen hallte gespenstisch von den gefliesten Wänden wider und ließ ihn seine körperliche Verausgabung vergessen. Die Kirchturmuhr schlug Mitternacht, als Knut den Wasserschlauch aufrollte, mit dem er das Blut verdünnt und durch den Kanal befördert hatte. Die Fleischpäckchen gut 40 Kilo Masse, lagen sauber gestapelt im Kühlraum.

Noch war seine Mission nicht beendet. Die Krönung hob er sich für den Schluss auf. Vor ihm auf der Arbeitsplatte lagen die beiden Filets, das kurzfaserige und deswegen zarteste Stück Fleisch. Er würde es im Ganzen einfrieren und Montagmorgen als erstes zubereiten: in hauchdünne Scheiben geschnitten und mit Olivenöl, Salz, Pfeffer und Zitronensaft mariniert, garniert mit Parmesan und einem Petersiliensträußlein, würde es das beste Hessen-Carpaccio abgeben, dass im Taunus je gegessen worden war!

Anmerkung der Autorin:

Ort und Personen sind frei erfunden. Etwaige Ähnlichkeiten sind nicht beabsichtigt. Die Verarbeitung von Menschenfleisch ist moralisch nicht vertretbar, wenn auch Knut Brandts Carpaccio ein qualitativ wertvolles und äußerst schmackhaftes Endprodukt darstellte. Mein besonderer Dank gilt meinem langjährigen Freund Falk Bachmann. Große Überredungskunst war nötig, um ihm zu versichern, dass ich nicht unter Persönlichkeitsstörung leide und sein Fachwissen als Metzgermeister lediglich für eine meiner Geschichten verwenden möchte.

A fly on the wall

Carpaccio

Zutaten

Frisches, gut abgehangenes Rinderfilet
Einige Spritzer Zitronensaft
Salz
Frisch gemahlener Pfeffer
Olivenöl
Je nach Geschmack etwas geraspelter Parmesan
Geröstete Pinienkerne

Zubereitung

Das Filet von Fett und Sehnen befreien und mit einem scharfen Messer in dünne Scheiben schneiden. Zwischen zwei Lagen Frischhaltefolie die Scheiben vorsichtig plattieren, damit die Fleischfasern nicht reißen. Fleisch mit den oben genannten Zutaten würzen. Die Zitrone macht das Fleisch noch zarter. Mit Olivenöl beträufeln und mit Parmesan und den gerösteten Pinienkernen garnieren.

IHR MÖRDERLEIN KOMMET ...

Chris Silberer

Nomen est Omen? Nicht bei Tante Annett! Wer glaubte, dass sich hinter dem Namen „a nette Person" verbarg, der irrte gewaltig. Eher war „Annett" als „a-nett" zu verstehen. Wie das „a" bei „asynchron" oder „asozial", das Eigenschaften oder Zustände ins Gegenteil verkehrt. Tatsächlich hasste die alte Dame „Nettmenschen". Sie waren ihr in höchstem Maße suspekt. Warum sollte jemand ohne eigenen Vorteil nett zu ihr sein?

Die Gründe, warum ihr Verwandtschaft sich so rührend um sie bemühte und gerade vor Weihnachten zur Höchstform auflief, glaubte sie nur allzu gut zu kennen: Ein paar Mehrfamilienhäuser im Frankfurter Westend mit hohen Mieteinnahmen und geschätzte vier Millionen in Aktien und auf Festgeldkonten. Ihr Ehemann war früh gestorben und hatte ihr ein ansehnliches Vermögen hinterlassen – und beides war gut so.

Wie sie alle auf das Erbe gierten! Ihre eigene Schwester Beate, drei Jahre älter als sie. Ein Botox-Gesicht, fast ohne Mimik, das einmal sehr hübsch gewesen war. Obwohl Beate die Männerwelt zu

Füßen lag, ließ sie sich mit einem Taugenichts ein, der immer über seine Verhältnisse gelebt hatte. Als er das Zeitliche segnete, platzte die Seifenblase und sie erbte nichts als Schulden. Beate musste nach seinem Tod sogar ihre Villa räumen, weil sie in die Zwangsversteigerung kam.

Eigentlich konnte ihre Schwester froh sein, dass Annett ihr eine Wohnung überließ, damit sie mit ihrer bescheidenen Rente über die Runden kam. Aber offensichtlich erwartete sie auch noch, dass sie für ihren luxuriösen Lebensstil aufkam. Doch daran dachte diese nicht im Traum. Ihre Schwester hatte ihr früher auch nichts geschenkt. Und wenn sie etwas von ihr bekommen hatte, war es alt und abgetragen gewesen. Sie waren vier Geschwister. Nur Mädchen. Und Annett war eines der mittleren Sandwich-Kinder, die weder den Nesthaken-Bonus noch die Privilegien der Ältesten für sich verbuchen konnten. Beate hatte schon immer den Anspruch, das Beste als Erste zu erhalten. Bevor sie gewusst hatte, dass die Familie von Anetts Verlobtem vermögend war, hatte sie kein gutes Haar an ihm gelassen. Gut, Albrecht Hessel war nicht gerade eine weltmännische Erscheinung gewesen und wirkte auf den ersten Blick vielleicht etwas bieder und pedantisch, genau genommen auch auf den zweiten Blick. Aber Protz und Pomp hatten Annett nie besonders beeindruckt. Ganz im

Gegensatz zu ihrer ältesten Schwester. Mit Freude dachte sie heute noch an Beates Gesicht, als sie mit ihr das erste Mal zu Albrechts Eltern fuhr und ihrer Schwester beim Anblick der großzügigen Villa am Lerchesberg vor Staunen der Mund offen stand.

Dann ihr Neffe Bernhard … Eigentlich ein heller Kopf, aber unfähig seine Intelligenz in Lebenstüchtigkeit umzusetzen. Er war der Sohn ihrer zweitältesten Schwester Berna und einem brotlosen Tüftler, der eine Erfindung nach der anderen anmeldete – zum Durchbruch hatte es nie gereicht. Nach dem Tod seiner Eltern war Bernhard nichts geblieben, sah man von ein paar Patenten ab, für die sich keiner interessierte. Annett hatte ihm das Studium finanziert. Das war für sie Ehrensache. Ein persönliches Verhältnis war zwischen Tante und Neffe dennoch nicht entstanden. Wahrscheinlich war Bernhard dafür zu verschlossen und Anett zu sarkastisch. Irgendetwas missfiel ihr an seinem Charakter. Und wenn es seine Unfähigkeit war, einem direkt in die Augen zu schauen. Beide hatten sie nicht gelernt, Gefühle zu zeigen. Als der Dauerstudent mit Anfang dreißig mit seinem Physikstudium fertig war, bekam er mit Mühe eine Anstellung bei einem großen Unternehmen. Doch der eigenbrötlerische Perfektionist war dem Leistungsdruck nicht gewachsen. Seitdem hielt er sich mit unterqualifizierten Aushilfsjobs über Wasser.

Die Krönung allerdings war ihre Großnichte: Helene, die Enkelin ihrer ebenfalls schon verstorbenen jüngsten Schwester Hanna. Die fromme Helene? Nichts schien der jungen tätowierten Punkerin mit rasierter Glatze ferner. Schon ihre Großmutter hatte den Kopf voller Flausen. Hanna hatte Kunst studiert und sich als Porträtmalerin durchs Leben geschlagen. Helene versuchte nicht einmal, den Schein zu wahren. Schamlos versilberte sie die Kunstwerke ihrer Großmutter und den Schmuck ihrer Mutter auf Flohmärkten. Selbst Anetts Wertsachen waren vor Helene nicht mehr sicher. Die alte Dame, aufgrund ihrer Lähmung bettlägerig, aber Augen wie ein Luchs, hatte bei Helenes letztem Besuch genau gesehen, wie sie die alte Kaminuhr unter ihrer Lederjacke hatte verschwinden lassen. „Und lass dich nicht unter 300 EUR abspeisen!", sagte Anett zum Abschied. „Sonst haust du dem Pfandleiher die Uhr um die Ohren!"

„Ach, Tantchen!", kokettierte Helene, als hätte sie gerade ein Lob bekommen und warf ihr eine flüchtige Kusshand zu. Ja, es war schon ein Drama! Wenn man nicht alles selbst machte! Aber Kinder waren dem Ehepaar Hessel nicht beschieden gewesen. Andererseits: Wer weiß, wie diese ausgefallen wären. Einen zweiten Pedanten wie Albrecht hätte Annett nicht ertragen. Die alte Dame sah auf die Uhr: zehn vor zwölf. Heiliger Mittag. Man schrieb den 24. Dezember. Gleich würde ihre Haushälterin und Pflegerin das Essen servieren. Einer der wenigen Highlights in ihrem Leben. Wenigstens das Essen schmeckte noch, auch wenn Frau Rehbergs Kochkünste immer wieder eingefordert werden mussten. Zugegebenermaßen war Annett auch etwas schnäubisch. Für heute Abend hatte sie sich Frankfurter Würstchen mit Kartoffelsalat gewünscht. Ein einfaches Weihnachtsessen, das es schon in ihrer Kindheit gegeben hatte. Da konnte wohl nichts schief gehen. Annett Hessler seufzte. Heute Nachmittag noch Besuch. Dann hatte sie endlich ihre Ruhe. Annett wollte den Heiligen Abend dieses Jahr ganz alleine verbringen. Auch Frau Rehberg hatte sie nach dem Abendessen bis zum nächsten Morgen freigegeben. Ein Abend ganz für sich allein, ein Luxus, den sich eine kranke Frau mit schwerem Asthma und Lähmungserscheinungen in beiden Beinen eigentlich nicht mehr leisten konnte.

„Tante, du bist ganz sicher, dass ich heute nicht bei dir bleiben soll? So alleine am Heiligen Abend, das ist für dich doch viel zu gefährlich. Stell dir vor, du bekommst einen Anfall?“ Bernhard klang besorgt.

„Papperlapapp! Ich habe doch die Asthmapumpe in Reichweite. Und den Notfallknopf vom Roten Kreuz. Alles direkt neben mir auf dem Nachttischwagen. Was soll da schon passieren? Und wenn doch, könnt Ihr Euch freuen, dass Ihr mich los seid. Apropos: Morgen, gibt es eine Bescherung der besonderen Art. Ihr werdet alle staunen!“

Der Neffe lächelte gezwungen. Natürlich war ihm das Schreiben auf dem Tisch nicht entgangen, das dort seit zehn Tagen halb offen herumlag. Es kam von einem Notar, der einen Termin für die Änderung des Testaments bestätigte. Am letzten Tag dieses Jahres um elf Uhr. Wollte Tante Annett ihre Verwandten ausgerechnet am Weihnachtstag darüber informieren, wie und zu wessen Gunsten sie ihr Testament zu ändern gedachte? Das sähe ihr ähnlich!

Vermachte sie womöglich alles dem Tierverein, dessen Monatszeitschrift neben besagtem Brief lag? Die alte Dame hatte sie noch immer abonniert, obwohl ihr letzter Hund schon seit Jahren auf dem Hundefriedhof in Rödelheim lag. Dort hatte der Rauhaardackel einen eigenen kleinen Grabstein, auf den sie neben dem Namen „Motte“ folgenden Spruch hatte meißeln lassen: Nicht jede Hand, die ich drückte, war es wert. Aber jede Pfote.

Ja, Tante Annett war schon immer eine Tiernärrin gewesen und mit Vierbeinern viel besser klar gekommen als mit Menschen. Was, wenn sie ihm das erhoffte Erbe versagte?

„Ach, Bernhard, gib mir doch bitte die Kreislauf-Tabletten.“ Die Bitte der alten Dame riss den Neffen aus seinen unguten Überlegungen. „Nein, nicht auf dem Kaminsims. Die liegen doch auf dem Tisch. Immerhin hast du das mit der Fernsehantenne hinbekommen."

„Tante, das ist eine Parabolantenne."

„Egal, wie es heißt, das Bild ist wieder schärfer. Leg doch bitte noch ein Scheit Holz auf das Feuer. Ich liebe den Feuerschein und das Prasseln im Kamin."

Eigentlich war Alkohol Gift für Annett. Der Hausarzt meinte, das sei nicht gut für ihr Herz. Aber für ein Schlückchen in Ehren hatte sogar Beate Verständnis. Ihre Schwester hatte ihr wieder den selbst aufgesetzten Likör mitgebracht. Schwarze Johannisbeere. Jeder Tropfen ein Genuss.

Bei jedem ihrer Besuche – sie kam fast täglich – gab es ein, zwei Gläschen des süffigen Cassis-Getränks. Wusste ihr Arzt ja nicht. Nicht einmal Frau Rehberg, obwohl sie manchmal misstrauisch an der Teetasse schnupperte.

Heute schenkte ihre Schwester ihr sogar ein drittes Gläschen ein. War ja bald Weihnachten. „Hast du denn gar keine Angst vor Einbrechern?", fragte Beate. „Überall in der Nachbarschaft wird eingebrochen. Also ich könnte das nicht!"

„Ach, papperlapapp! Frau Rehberg stellt die Alarmanlage scharf, bevor sie das Haus verlässt. Da kann nichts passieren, glaube mir. Außerdem wirst du dir auf deine alten Tage doch nicht plötzlich Sorgen um mich machen?“

„Rede doch nicht so, als wärst du mir gleichgültig. Immerhin sind wir Schwestern!“

„Eben! Sonst hättest du mir damals die Uhr meiner Patentante nicht kaputt machen können.“

„Ich glaub es nicht, dass du mir das immer noch nachträgst. Erstens habe ich das nicht absichtlich getan und, mein Gott, das ist fast 70 Jahre her!“

„Gemeinheit verjährt nicht! Du hast es absichtlich gemacht, weil meine schöner war als deine!“

„Komm, Annett, hören wir auf zu streiten. Lass uns lieber noch ein Schlückchen zusammen trinken.“

25. Dezember

„Was machen Sie hier? Ist Frau Rehberg nicht da?“ Bernhard sah den älteren Herrn, der ihm die Tür geöffnet hatte, misstrauisch an.

„Wenn ich mich vorstellen darf: Kriminalhauptkommissar von Eschwege. Mit wem habe ich die Ehre?“

„Bernhard Kohlhas. Ich bin Frau Hessels Neffe.“

„Folgen Sie mir bitte.“ Der Polizeibeamte ging voraus. Die beiden Männer betraten das umfunktionierte Wohnzimmer mit dem Krankenbett, das leer war. Bernhard blickte verwirrt auf den verwüsteten

Raum. Der Wandsafe, direkt neben dem Bett hinter einem Ölgemälde versteckt, war aufgebrochenen worden. Alle Schubladen der dunklen Eichen-Schrankwand waren aufgezogen, die Türen offen. Überall klebte eine schmierige Rußschicht. Auf dem Boden vor dem Kamin lagen sogar ganze Klumpen von Ruß neben dem umgekippten Nachttisch.

„Um Himmels willen! Was ist denn hier passiert?“

„Was meinen Sie, nach was es aussieht? Nach einem Schlittenrennen des Weihnachtsmanns durch den Schornstein?“

„Mir ist nicht zum Scherzen, Herr …“

„Von Eschwege.“

„Wie auch immer Sie heißen, ich will jetzt sofort mit meiner Tante, Frau Hessel, sprechen!“

„Das wird schwierig werden.“

„Wieso?“

„Frau Hessel befindet sich nicht mehr im Haus. Sie ist bereits auf dem Weg in die Pathologie …“

Bernhard wurde blass.

Nach und nach trudelten die Verwandten ein, auch die Haushälterin, die sich etwas verspätet hatte. Zwei Männer in weißen Anzügen sicherten am Tatort Fingerabdrücke und andere Spuren, während der Kommissar die Aussagen und Alibis der Verdächtigen aufnahm. Außerdem bestellte er alle Anwesenden für den zweiten Weihnachtsfeiertag zum Tatort ein, wo er versuchte, den Tathergang zu rekonstruieren.

„Sie, Frau Rehberg, verlassen nach eigenen Angaben um 18.15 h das Haus“, begann Kommissar von Eschwege seine Ausführungen. „Anstatt allerdings die Alarmanlage scharf zu stellen, lassen Sie ein Fenster im Vorratsraum offen.“

Die Verwandtschaft blickte wie vom Donner gerührt auf die Haushälterin, die knallrot anlief. Der Kommissar fuhr fort: „Nachdem das starke Schlafmittel im Kartoffelsalat gewirkt hat, steigt Ihr Komplize in die Villa ein. Schätzungsweise um 19 Uhr, wenn ganz Deutschland mit dem Öffnen von Geschenken beschäftig ist. Neben der tief schlafenden Frau Hessel bricht er ungestört den Safe auf und entwendet den Schmuck, der allerdings eine Fälschung ist. Den echten Schmuck, Frau Rehberg, haben Sie schon vor einiger Zeit ‚ausgetauscht‘. Jetzt hatten Sie Angst aufzufliegen und haben den Einbruch fingiert. Das verabreichte Schlafmittel war für eine kränkliche Person übrigens höchst gefährlich.“

„Dann ist meine Schwester an dem Schlafmittel gestorben?“, fragte Beate und schickte vorwurfsvolle Blicke in Richtung der Haushälterin.

„Nein. Auch nicht an dem Arsen, das Sie ihrer Schwester in Ihrem selbst aufgesetzten Likör seit Monaten in kleinen Dosen verabreichten.“

Jetzt war es an Beate zu erstarren, was mit ihrem Botox-Gesicht kein Problem war.

„Deshalb ging es Ihrer Schwester immer schlechter. Sie haben sie langsam aber sicher vergiftet!"

„Wie können Sie mir so etwas unterstellen!", wies Beate die Vorwürfe entrüstet von sich.

Der Kommissar blockte ab. „Aber kommen wir erst zu Ihnen, Helen, wenn ich Sie so nennen darf. Sie haben aus dem Hause Ihrer Großtante am 24. Dezember eine Kaminuhr entwendet, die Sie am ersten Weihnachtsfeiertag heimlich auf den Kamin zurückstellten. Da die Uhr keine Rußschicht aufwies, war das leicht festzustellen."

Helen sagte nichts, presste nur die Lippen fest zusammen.

„Jetzt zu Ihnen, Herr Kohlhaas!" Der Kommissar wandte sich dem Großneffen zu. „Wenn mein langjähriger Freund Henry keinen Stent hätte, wäre ich Ihnen vielleicht nie auf die Schliche gekommen. Sie müssen wissen, man hat ihm im Krankenhaus eine Blutpumpe eingesetzt, die – laienhaft ausgedrückt – erst zu einem Draht verformt wurde, den man dann mittels eines Katheters in ein Blutgefäß nahe dem Herzen eingeführt hat. Im Kontakt mit dem körperwarmen Blut nahm er wieder die Form der Pumpe an. Medizin wie von Zauberhand. Es braucht nur ein Spezialmetall und ein bisschen Energie in Form von

Wärme oder Strom, damit es sich dank seines Erinnerungsvermögens in die ursprüngliche Form zurückverwandelt. Man nennt es ‚Das Gedächtnis des Materials'. Ein Phänomen, das mit einer Büroklammer funktionieren kann und auch mit diesem Metallstück." Der Kommissar hielt ein verrußtes Stück hoch und sah dabei Bernhard Kohlhaas scharf an. „Sie mussten nur diese Spirale in einer Speziallegierung beschaffen und sie lang ziehen. Diesen Draht haben Sie durch den Kamin abgeseilt – wie passend für Weihnachten! – und haben ihn dann heimlich am Nachttisch Ihrer Großtante festgemacht. Die Reparatur der Fernsehantenne kam für Ihr Vorhaben natürlich sehr gelegen. Hat sie vielleicht sogar erst auf die Idee gebracht. Ihre ‚Erfindung' mussten Sie nur noch an die Stromleitung eines Bewegungsmelders anschließen und sie mit einer Fernsteuerung über Ihr Handy in Betrieb setzen. Erstaunlich, was diese Smartphones heute alles leisten können!"

Bernhards Miene war wie versteinert, als der Kommissar fortfuhr: „Unter Strom gesetzt, zog sich das Memory-Metall zur Spirale zusammen und hat den Nachttisch mit Wucht Richtung Kamin gezogen, so dass sich das Metall gelöst hat und am Nachttisch nur eine kleine Kerbe zurückblieb. Die Spirale hing dann fast uneinsehbar im Innern des Kamins." Während der Ton des Kommissars bislang fast bewundernd geklungen hatte, nahm er jetzt an Schärfe zu: „Sie wussten, dass der Ruß bei Ihrer Tante einen Asthma-Anfall auslösen musste und sie keine Chance mehr hatte, an die lebensnotwendigen Medikamente zu kommen. Sie haben ihren Tod bewusst provoziert bzw. billigend in Kauf genommen!"

„Du hast Tante Annett umgebracht?", fragte Helene ungläubig und stemmte ihre bunt tätowierten Arme in die Hüfte. Bernhard gab keinen Mucks von sich. Schweißperlen standen auf seiner Stirn. Er hielt sich krampfhaft am Stuhl fest und sah zu Boden.

In die Totenstille platzte plötzlich ein elektrisches Geräusch. Alle drehten sich um und starrten auf die weiß gekleidete Gestalt im Rollstuhl, die sich langsam näherte.

„Annett!", schrie Beate hysterisch, „Du lebst?!"

„Enttäuscht, meine Liebe? Tut mir leid, dass ich Euch die Bescherung vermassle!"

Misstrauisch geworden, hatte sich Annett Hessel an ihren Jugendfreund – einen pensionierten Kommissar – gewandt und auf seinen Rat hin überall Kameras installieren lassen. Zusammen konnten sie so mit ansehen, was im Haus alles vor sich ging und wie ihr Tod geplant wurde. Natürlich ließ sich Annett Hessel die Abrechnung mit jedem Einzelnen nicht nehmen:

„Frau Rehberg", wandte sie sich an die Haushälterin. „Dass Sie nicht kochen können, war schon schwer zu verzeihen. Aber, dass Sie mir falschen Schmuck untergejubelt haben, das geht nun wirklich zu weit! Sie sind hiermit fristlos entlassen! Dabei hatte ich eigentlich eine großzügige Rentenzahlung für Sie vorgesehen – wie schade … Aber nach meiner Anzeige bei der Polizei werden Sie und Ihr Komplize bestimmt genug Zeit zum Ansparen haben. Versuchen Sie übrigens nicht zu fliehen, draußen warten bereits die jungen Kollegen unseres Kommissars.“

„Jetzt zu dir, Schwesterherz! Seit ich Deine täglichen Arsengaben nicht mehr bekomme, geht es mir bedeutend besser. Übrigens schon seit Wochen. Nachdem meine alte Jugendliebe, Kommissar von Eschwege, deinen selbst aufgesetzten Likör untersuchen ließ, war mir einiges klar geworden. Wenn du nicht dauernd in deinen Schminkspiegel gestarrt hättest, wäre dir vielleicht nicht entgangen, dass ich das Gesöff größtenteils in meinen Tee entsorgt habe. Wie bedauerlich, liebe Beate, dass du den Rest deines Lebens nun doch nicht auf Luxus-Kreuzschiffen oder in Wellness-Tempeln verbringen kannst. Ich werde im Übrigen auf eine Strafanzeige verzichten. Ich will nicht mit einer Frau verwandt sein, die wegen versuchtem Totschlag im Knast sitzt. Nun zu dir Bernhard: Deine Mordart war ohne Frage die erfindungsreichste. Du erhältst deshalb den Kreativpreis in

Höhe von 10.000 US Dollar. US Dollar deshalb, weil ich dich nicht mehr hier sehen will. Ich bezahle dir den One-Way-Flug nach USA und etwas Startgeld für das Tal der Erfinder. Vielleicht schaffst du es ja dort, deine Talente positiv einzusetzen."

Annett hielt inne und sah von einem zum anderen. Es war so still, dass man eine Stecknadel hätte fallen hören. „Ihr alle habt versucht, mich um die Ecke oder um mein Hab und Gut zu bringen – bis auf dich, Helen! Du bist zwar mindestens so chaotisch wie deine Großmutter, aber du hast ein Herz für Tiere. Wie wir herausbekommen haben, hast du die Uhr zum Pfandhaus gebracht, weil du Geld für die Auslösung von Hunden am Flughafen gebraucht hast. Nachdem der Tierschutzverein das Geld für die Zollgebühr dann offensichtlich doch selbst aufgetrieben hat, hast du die Uhr wieder zurück in dieses Haus gebracht. Das hat mich berührt und auch etwas beschämt, weil du nicht das Vertrauen hattest, mich direkt um Geld für eine gute Tat zu bitten."

Wie konnte es anders sein: Annett setzte ihre Nichte Helen als Alleinerbin ein. Gleich nach dem Notartermin ging sie mit Rollstuhl und dem Kommissar a. D. auf Weltreise.

Von ihren übrigen Verwandten hat sie nie mehr etwas gehört.

Frankfurter Würstchen mit Kartoffelsalat

Zutaten

1 Paar Frankfurter Würstchen pro Person
1,5 kg Kartoffeln festkochend
¼ l Fleischbrühe
1 Zwiebel
1 Knoblauchzehe zerdrückt
Durchwachsener Speck
Etwas Senf
3 Eßl. Essig
1 Eßl. Öl
Salz, Pfeffer
1 Prise Zucker
Schnittlauch
Petersilie

Zubereitung

Die Kartoffeln als Pellkartoffeln kochen und schälen. Warm in Scheiben schneiden und mit Essig und heißer Fleischbrühe übergießen, ziehen lassen.
In der Zwischenzeit Zwiebel fein hacken und zu den Kartoffeln geben. Speck würfeln. Öl in einer Pfanne erhitzen und den Speck darin anbraten. Mit Salz, Pfeffer und einer Prise Zucker würzen. Dann die heiße Specksauce über die Kartoffeln geben. Vorsichtig mischen. Den Salat ca. 15 Minuten durchziehen lassen. Zum Schluss Kräuter waschen und klein hacken. Vor dem Servieren über den Salat streuen.
Frankfurter Würstchen in heißem Wasser vorsichtig erwärmen und zum Kartoffelsalat mit etwas Senf servieren.

birdseed
TREat

BLUTWURST

Ingrid Reidel

Alles begann damit, dass ich wieder einmal einen Ausflug in die Wetterau unternehmen wollte. Es war ein ständig wiederkehrendes Ritual, das ich schon von Kindesbeinen an mit meinen Eltern praktiziert hatte und das mich nach einem ausgedehnten Spaziergang über die sanft steigenden und abfallenden Ausläufer des Vogelbergs immer in das gleiche Gasthaus führte: das Gasthaus „Zur Güldenen Sonne“. Trotz des Namens, der nicht unbedingt für das raue oberhessische Klima stand, war es eine typisch hessische Wirtschaft, wie sie in den 1950ern oft zu finden war, ein schönes altes Fachwerkhaus mit Hof und angrenzender Schweinezucht sowie eigener Schlachtung.

Der Sinn des Begriffs „eigene Schlachtung“, war mir damals als Fünfjähriger selbstverständlich noch nicht bekannt, und so war ich jedes Mal erfreut, wenn Kurt, der Wirt, mir die Ställe zeigte. Ich fand die süßen kleinen Schweinchen derart drollig, dass ich meine Eltern stets plagte, sofort nach dem Essen an dem urigen Wirtshaustisch aufstehen zu dürfen, um zu meinen Lieblingen zu eilen. Freilich wusste ich damals noch nicht, woher der köstliche Braten stammte, den ich vorher mit Wonne unter dem wohlwollenden Blick des Wirtes verspeist hatte. Aber nicht nur den Ferkeln, auch den ausgewachsenen Tieren galt mein Interesse. Ich fand heraus, dass Schweine die intelligentesten Tiere der Welt waren. Und was zu Hause bei meinen Kameraden die Haustiere namens Bello und Mieze waren, waren bei mir meine rosa Freunde Rick und Roy, ihre Mutter Piggy und Eberhart, der Eber.

Ich spielte mit meinen ‚Wutzelchen', wie ich meine Kameraden heimlich nannte, und nicht ohne Stolz kann ich sagen, dass ich ihnen sogar das eine oder andere Kunststückchen beigebracht habe.

Ich liebte die Schweine, doch gleichzeitig entdeckte ich meine Leidenschaft für Hausmacher.

Aber nicht die Ahle Wurst, die grob gekörnte Spezialität der Region, sondern besonders die Ahle Blutwurst hatte es mir angetan. So ein schönes dunkles, aus frischem Schweineblut hergestelltes ‚Wurstfilsel' in zartem Schweinedarm, mit Grieben und Gewürzen, mit Salz und Pfeffer und Leber dazu, wie es in Oberhessen für die „Blunse" üblich war.

Inzwischen war ich über den verhängnisvollen Zusammenhang Wurst/Schwein aufgeklärt, und es begann eine innere Zerreißprobe, die ein Leben lang anhalten sollte und mich quälte, insbesondere dann, wenn ich meiner Lieblinge ansichtig wurde.

Umso mehr wollte ich, dass es ihnen gut ging, bis zum letzten kurzen Schmerz, der uns allen mal bevorsteht und von dem ich annahm, dass ihn Kurt, der Wirt und Schlachter, besonders human gestaltete. Ich trat also an jenem Tag in die Gaststube. Noch in der Tür rief ich: „Kurt, ich will die Ställe sehen."

„Na ja", hauchte Kurt, und ich war etwas überrascht, da Kurt sonst nie hauchte. Normalerweise hatte er eher eine raue, kräftige Stimme. Aber voller Vorfreude sprang ich auf dem Absatz herum und hüpfte – falls man das bei einem mittlerweile Vierzigjährigen noch sagen kann – freudig zur Tür hinaus und lief über das Anwesen.

Ich kannte immer noch den Weg, an der Hütte des alten Hofhundes vorbei, der mich freudig begrüßte, hinüber zu den Ställen. Während Kurt noch hinter mir her keuchte, riss ich die Stalltür auf. Und dann der Schock: Die Ställe, sie waren leer. Na ja, nicht ganz. Ein Moped stand darin. „Was ist denn hier los?", schrie ich zu Kurt hinüber, der mir eilends gefolgt war. „Wo sind meine Lieblinge?"

„Wie soll ich sagen, Peter", druckste er herum, da er ja um meine sensible Ader wusste. „Ich habe sie mal …, sagen wir auf Urlaub geschickt."

„Auf Urlaub geschickt?" Ich war völlig perplex.

„Ja, weißt du, auch so ein Tier braucht mal Urlaub.“

„Das habe ich ja noch nie gehört, dass ein Schwein Urlaub braucht“, sagte ich, immer noch nach Fassung ringend. „Außerdem haben sie ja das beste Leben hier bei dir, Kurt!“

Kurt räusperte sich. „Also, wenn du das ein schönes Leben nennst. Schau mal, in dieser Höhle haben sie gelebt.“ Er wies mit seiner grobschlächtigen Hand ins finsterste Eck des Stalles. „Kein Licht, kein Fenster. Das wolltest du doch auch nicht, oder? Und keine Heizung und im Winter so kalt.“ Dann dirigierte er mich in einen Raum, der aussah, wie ich mir eine Hinrichtungsstätte aus grauer Vorzeit vorstellte.

Weißgeflieste Wände strahlten Kälte aus, und in einem Regal lagen gefährlich aussehende Messer. Kurt holte eine Apparatur von der Wand, die aussah wie eine Mischung zwischen Bohrmaschine und Pistole. Ohne Vorwarnung hob er sie mir an den Kopf. „Jetzt stell dir nur mal vor, du wärst so ein armes Schwein, und ich drücke ab, bis es dir das Gehirn rausbläst. Dann bist du aber noch lange nicht tot. Dann wirst du abgestochen und dann wirst du peu à peu verwurstelt, bis nur noch deine Krawatte von dir übrigbleibt. Und das alles für ein bisschen Blutwurst. Möchtest du so etwas?“

Ich erschauderte. „Nein“, wisperte ich kleinlaut.

„Siehst du", sagte Kurt mit einem zufriedenen Gesichtsausdruck. „Und jetzt haben sie es viel besser. Jetzt werden sie in einem richtigen Schlachthof ganz friedlich mit Kohlendioxid in süße Träume geschickt und ganz nebenbei sanft über den Jordan getragen." „Moment", rief ich dazwischen, „Schlachthof? Über den Jordan getragen? Ich dachte, sie sind auf Urlaub."

„Ja, ja", stotterte Kurt. „Sie sind an der See."

„An der See?"

„Ja, nicht ganz, aber in Norddeutschland. Weißt du, die Norddeutschen können das einfach besser mit der Schweinezucht. Glaube mir, Niedersachsen, zum Beispiel, da haben sie ganz große saubere und sterile Ställe, ganz ohne den dreckigen Mist. Und sie sind ganz eng miteinander verbunden."

„Eng miteinander verbunden?", hakte ich verwundert nach.

„Ja, ja", hüstelte Kurt und klopfte mir eifrig auf die Schulter. „Glaube mir, denen geht's da gut. Und jetzt beruhige dich doch mal", setzte er mit beschwichtigender Stimme nach. „Ich mache deine Blutwurst ja noch selbst. Ich lasse mir halt die Schweinehälften bringen. Und jetzt habe ich viel mehr Zeit für die Wurstverarbeitung, weil ich nicht mehr die Ställe ausmisten muss."

Irgendwann beruhigte ich mich tatsächlich und gab mich mit Kurts Aussage zufrieden. Wahrscheinlich war es wirklich besser für die Schweine, von fachmännischer Seite her aufgezogen und geschlachtet zu werden. Tierliebe hin oder her. Ich durfte nicht so egoistisch sein. Und mit dem erleichterten Gefühl, dass es meinen Freunden wirklich gut ging, fuhr ich nach einem opulenten Mahl nach Hause.

Einige Zeit später trieb es mich wieder in die Sonne, meine Gelüste auf Blutwurst ließen mir keine andere Wahl. Die vierbeinigen Freunde fehlten mir, aber ansonsten war alles wie vorher, und ich fühlte jene innere Wärme in mir aufsteigen, die ich hier immer empfand. Besonders, als ich an dem heimeligen Kachelofen im Eck saß.

Doch plötzlich, lag es am Wein oder meiner Glückseligkeit, glaubte ich, einen Geist aufsteigen zu sehen, und zwar genau hinter der Theke. Die Augen des Geistes waren dunkel umrandet und der Mund war grell und groß. Beim genaueren Hinsehen erkannte ich jedoch, dass es kein Geist war, sondern eine stark geschminkte Frau mit fernöstlichem Aussehen.

„Das ist My Thai", stellte Kurt kurz vor. „Meine Frau."

Erst jetzt bemerkte ich die goldene Katze auf der Theke, die unablässig mit der einen Pfote winkte. Ich wusste nicht, was ich davon halten sollte. Etwas benommen bestellte ich mein Leibgericht, die Blutwurst, und bekam sie von My Thai persönlich an den Tisch gebracht. Zu meiner Verwunderung allerdings wurde sie mir aber nicht mit Bauernbrot, sondern einem Häufchen Reis serviert.

My Thai lächelte. „Heis jetz Ma Puh", dokumentierte sie die verunstaltet aussehende Speise. „Möchte, Herr, dazu Tee?" „Nein, die Rechnung bitte", raunte ich, und auf der Heimfahrt redete ich mir ein, dass es Kurt gut gemacht hatte, nicht mehr alleine zu sein.

Bei meinem nächsten Ausflug in den rauen Vogelsberg zur Güldenen Sonne, legte ich gleich während der Bestellung mein Veto gegen den Reis ein. Aus sicherer Entfernung betrachtete ich die winkende Katze und nach einem viertel Glas Wein glaubte ich sogar, sie lächle. Überschwänglich erkundigte ich mich nach dem Befinden seiner Gemahlin. „Wie geht es My Thai?"

„Oh es geht ihnen gut", antwortete Kurt.

Ich stockte. „Ihnen?", fragte ich überrascht.

„Ja, wir sind jetzt zu dritt. My Thai, komm doch mal und zeig unserem Gast des Bobbelsche."

My Thai kam aus der Küche gerannt mit einem Baby im Arm. „Das ist Ho-Kurt", erklärte sie mit ihrem ewigen Lächeln. „Ho stammt von mir und Kurt wollte unbedingt seinen Namen weitergeben."

„Oh“, sagte ich, nachdem ich das Baby argwöhnisch betrachtet hatte. „Ho-Kurt, was für ein außergewöhnlicher Name. Ich freue mich, dass die Geschäftsnachfolge geregelt ist.“ Zum Abschied gab ich vor lauter Überschwang der winkenden Katze die Hand.

Drei Monate später wurde ich von Gewissensbissen geplagt, da mein letzter Besuch in der „Sonne“ schon so lange zurücklag, und ich nahm mir vor, wieder etwas regelmäßiger einzukehren. Ich gastierte von da an wieder öfter in dem anheimelnden Gasthaus. In den Folgejahren sah ich den jungen Ho-Kurt heranwachsen. Es gab keine weiteren Vorkommnisse, bis auf dass der gemütliche, aber arbeitsintensive Ofen einer modernen Zentralheizung gewichen war. Irgendwann hatte ich mich an die gegenwärtigen Zustände in der „Sonne“ gewöhnt und war zufrieden, obwohl ich das sonore Grunzen meiner tierischen Freunde sehr vermisste.

Und dann passierte es: Eines Tages fehlte auf der Hausmacher die Gewürzgurke. Einen Monat später fehlte auch der Senf. Und noch später war My Thai fort; mitsamt ihrer winkenden Katze. Keiner wusste, wo sie war. Und während nun Ho-Kurt immer mehr Verantwortung im Service übernahm, widmete sich Kurt in seiner Wurstküche wieder ganz seiner Aufgabe, so dachte ich jedenfalls. Doch weit gefehlt. Denn plötzlich stand neben dem Moped eine Harley mit eingebautem Radio und einer ausladenden Sissibar, einer Art Sattel für den Sozius. Und der Sozius, beziehungsweise die Soziussissi, kam prompt.

Hatte ich jemals das Gefühl gehabt, dass mir My Thai aufgedonnert vorkam, so ziehe ich diesen Vorwurf als absolut nichtig zurück und behaupte das Gegenteil. Denn Sissi war es sicher. Das heißt, sie war es auf ihre eigene Art. Schon in die Jahre gekommen, jedoch dürr wie ein verdorrter Ochsenziemer, immer jugendlich angezogen, mit einer Haut, die an altgegerbtes Leder erinnerte, servierte sie in enganliegenden Hosen, die aussahen, als seien sie in Kurts Wurstküche zu heiß gekocht worden.

Sie war abstinent in Sachen Alkohol und Wurst jeglicher Art. Wegen der Figur aß sie freudlos nichts weiter als Salatblätter. Und wenn ich weiterspinne, was mir die Höflichkeit verbietet, hege ich heimlich sogar den Verdacht, dass das ziehmütterliche Verhältnis zu Ho-Kurt tiefer ging, als dass es nach außen hin demonstriert wurde. Aber das nur am Rande.

Ich bestellte bei ihr meine Leidenschaft, für die ich extra aus Frankfurt gekommen war, und sie wurde prompt serviert. Aber was ich bei My Thai mit ihrem Reis noch hingenommen hatte, das schlug jetzt dem Fass den Boden aus. Ich bekam ein herzförmiges

Blutwurststückchen, offensichtlich mit Weihnachtsspringerle ausgestochen, drapiert auf einem essigtriefenden Berg aus Rohkost. Neben dem Salathaufen lag eine exotische Sternfrucht. Mir wurde schlecht, und ich rief Kurt. Doch der lächelte nur verklärt und beteuerte, er liebe diese Frau. Ich sehe ja ein, dass man Frauen lieben kann, aber nicht in dieser Tragweite. „Kurt“, schimpfte ich, „das kannst du nicht mit mir machen.“

In Folge verzichtete ich auf meine Ausflüge zu ihm. Aber nicht lange, denn nirgendwo war die Blutwurst besser als bei Kurt. Und so lenkte ich wieder einmal mein Auto, ich hatte mittlerweile den alten Käfer in einen schicken Ford Taunus umgetauscht, in die „Sonne“. Aber gülden war die schon lange nicht mehr. Neumodische Fenster ersetzten jetzt die Butzenscheiben und vertrieben jeden Anflug von Heimeligkeit. Die dunklen Balken mit den hübschen Schnitzereien wurden unter weißen Styroporverkleidungen versteckt.

Eines Tages, moderne Strahler verbreiteten grelles Licht und im Hintergrund wummerte Technomusik, standen ein erwachsener Ho-Kurt und eine immer pseudojugendlicher wirkende Sissi hinter der Theke. Kurt kam nur noch gefälligerweise zu mir an den Tisch. Er verkündete mir mit jener verklärten

Stimme, die ich schon kannte, dass ab jetzt die Hausmacher von dem Metzger von gegenüber bezogen wurde, die eigene Wurstherstellung wurde aufgeben.

Ich sprang von meinem Stuhl auf, so dass er beinahe nach hinten kippte und nur dem beherzten Eingreifen Ho-Kurts und seiner dünnen Stiefmutter war es zu verdanken, dass Kurt meinen Trommelschlag auf seine Brust überlebte. „Probiere doch erst mal", säuselte dieser benommen, als er wieder zu sich kam. „Nein, das tue ich nicht", schrie ich immer noch aufgebracht. „Ich rufe jetzt die Polizei." „Ach was", rief Susi dazwischen. „Ho-Kurt, hol mal die Schnapsflasche!" Und so wurde ich in meinen Stuhl zurückgedrückt und, so wahr ich hier sitze, abgefüllt und zum Schluss noch abgefüttert wie eine Stopfgans, bis mir die Wurst zu den Ohren herauskam. Dass sie mir immer noch schmeckte, war ein wahres Wunder.

Vergeblich kämpfte ich dafür, den alten Zustand wieder herzustellen. Aber es blieb dabei, die Wurst wurde von außerhalb besorgt, und ich hatte mich damit abzufinden. Basta. Ich tat es, aus purer Treue zur „Sonne".

Irgendwann verirrte ich mich wieder in die Fänge der oberhessischen Gastwirtfamilie. Und zum ersten Mal schmeckte mir die Wurst, die ich in den späten Abendstunden jenes fünften Dezembers aus dünnen sonnenverbrannten Sissihänden serviert bekam, überhaupt nicht. Zusammengekauert saß ich an der halbaufgedrehten Heizung am hinteren Eck des Gasthauses und verstand die Welt nicht mehr.

Sissi, die am Tresen lehnte, stieß sich ab und kam zu mir an den Tisch. Sie lächelte. „Oh, haben Sie es erkannt? Es ist Blutwurst aus Sojabohnen."

Zunächst brachte ich keinen Ton heraus, aber dann brüllte ich durch das ganze vollbesetzte Gasthaus: „Kuuuurt!"

Im selben Moment stand Kurt hinter mir und flüsterte. „Komm doch einfach mal mit in die Ställe, Peter. Ich muss dir etwas beichten."

Beichten? Ausgerechnet an dem Ort, wo ich die schönsten Augenblicke meiner Kindheit verbracht hatte und mit meinen Lieblingen spielen durfte, die weichen mussten zugunsten von Bequemlichkeit?

In den leeren und seelenlosen Ställen beugte sich Kurt zu mir herüber und flüsterte mir ins Ohr: „Unser Restaurant wird demnächst vegetarisch." Eigentlich hätte ich wenigstens für meine vierbeinigen Freunde froh sein müssen, aber ich weiß nicht mehr, wie mir geschah und wie mir der Schussapparat in die Hände kam. Ich zog ab. Kurt, der Wirt, fiel um, einfach um. Entsetzt starrte ich auf seinen leblosen Körper. Ich konnte es erst nicht glauben. In meiner

Panik versuchte ich, die Tat zu vertuschen und die Leiche beiseitezuschaffen, aber es war zwecklos.

Zwei Minuten später standen Ho-Kurt und seine Ziehmutter hinter mir und zehn Minuten später die Polizei.

Im Gefängnis dann gestand ich meinen Mord an My Thai. Damals hatte ich ja noch gedacht, es würde ohne sie besser werden.

Himmel und Erd‘

für 4 Personen

Zutaten

2 Äpfel, 2 Birnen
30 g Butter
1 gehäufter Eßl. Zucker
0,3 l Apfelwein
Etwas Chilipulver, Zimtstange, Mark einer Vanilleschote

1 Kilo Kartoffeln
100 g Butter
100 ml Milch und 100 ml Sahne
Muskat

1 Ring geräucherte Blutwurst
2 Eßl. Öl
4 Schalotten
Salz und Pfeffer

Zubereitung

Für das **Kompott** Zucker mit etwas Wasser in einem Topf karamellisieren, mit Apfelwein ablöschen. Äpfel und Birnen schälen, zerteilen und mit den Gewürzen in den Topf geben. 20 Minuten köcheln lassen und kalt stellen. Beim **Kartoffelstampf** Kartoffelstücke 20 Min. garen. Nach dem Abgießen mit Butter, Milch, Sahne, Muskat und Salz stampfen.

Für die **Blutwurst** Schalotten schälen und in Ringe schneiden, in einer Pfanne mit Salz und Pfeffer andünsten. Die Haut von der Blutwurst abziehen, in dicke Scheiben schneiden und in Öl anbraten. Mit Pfeffer würzen.

Anrichten: Geben Sie den Kartoffelstampf in die Mitte des Tellers und bedecken Sie ihn mit dem Kompott. Die gebratene Blutwurst seitlich des Tellers drapieren und mit den Zwiebeln verzieren.

GEDICHTE EINES MÖRDERS

Roxana Ené

(Original in Englisch)

IN LOVE

Beautyful green eyes
Full of passion
Can't wait to see them
I am so in love
With those beautiful green eyes
Hungry to kiss your lips
Be aware!

(Deutsche Übersetzung)

VERLIEBT

Wunderschöne grüne Augen
Voll Leidenschaft
Kann es nicht erwarten sie zu sehen
Ich bin so verliebt
In diese wunderschönen grünen Augen
Hungrig, deine Lippen zu küssen
Pass auf!

GEDICHTE EINES MÖRDERS

Roxana Ené

(Original in Englisch)

MY BELOVED BRIDE

Can't get you out of my mind
Some people say
We don't belong together
They are blind, unable to see
That you are mine
That we are one
That you belong to me
And when I close your eyes
Wing to wing, heart to heart
We fly to the skies

(Deutsche Übersetzung)

MEINE GELIEBTE BRAUT

Du gehst mir nicht mehr aus dem Sinn
Die Leute sagen
Wir gehören nicht zusammen
Sie sind blind, unfähig zu sehen
Dass du mein bist
Dass wir eins sind
Dass du mir gehörst
Und wenn ich deine Augen schließe
Fliegen wir Flügel an Flügel, Herz an Herz
zum Himmel

(Original in Englisch)

THE SKIES AND THE SUN

Forget the rain, forget the pain
It's left behind you
I give you the skies and the sun
And send you to the rainbow
And never ask for anything else
But your love – for ever

(Deutsche Übersetzung)

HIMMEL UND SONNE

Vergiss den Regen, vergiss den Schmerz
Das liegt hinter dir
Ich schenke dir den Himmel und die Sonne
Und schicke dich zum Regenbogen
Und bitte dich um nicht mehr
Als deine Liebe – für die Ewigkeit

KILLER FOR ONE

Fritz M. Grün und Chris Silberer

Das Klima in Rhein-Hessen ist dank seiner geschützten Lage sonnig warm und recht mild. Schon im März klettert das Thermometer tagsüber manchmal auf angenehme zwanzig Grad. Ideal für Weinreben und für Mrs. Sophie, deren Ehemann Nr. 2 in dieser Region eine Sektkellerei betrieb. Nach dem frühen Tod von Jacques Pommeroi führte Mrs. Sophie seinen Betrieb in Geisenheim erfolgreich weiter. Als von der Sonne verwöhnte Exilbadnerin (Man hörte dies noch immer an ihrem Dialekt) wusste sie schließlich, wie ein guter Tropfen, ob Wein oder Jahrgangssekt, schmecken muss.

Die Marke „Veuve Pommeroi“ – auf Deutsch „Witwe Pommeroi“ – wurde nach Méthode champenoise mit klassischer Flaschengärung aus einer exklusiven Cuvée hergestellt und bald zum Geheimtipp weit über die Grenzen von Rheinhessen hinaus.

Schon aus PR-Gründen trug Mrs. Sophie nur noch schwarze Kleidung und machte sich einen Namen als “lustige Witwe“. Natürlich war sie viel zu jung und attraktiv, um allein zu bleiben. Weitere Ehemänner kamen und gingen, aber dem pittoresken Örtchen

Geisenheim blieb Mrs. Sophie treu. Treu war auch ihr Butler Jakob, den Ehemann Nr. 1, Sir Arthur, mit in die Ehe gebracht hatte und der mit Mrs. Sophie fortan durch Höhen und Tiefen ihres Lebens ging. Ein Butler alter Schule serviert bei den Mahlzeiten, empfängt Gäste und organisiert Feste und Empfänge, Reisen und Veranstaltungen seiner Herrschaft bis hin zu Einkauf, Personalführung und Buchhaltung des Haushalts. Jakob war also nicht irgendein Hausdiener. Er hatte nur Anstellungen in großbürgerlichen und adeligen Haushalten und ausgezeichnete Referenzen vorgelegt, als ihn Sir Arthur vor ewigen Zeiten in seine Dienste genommen hatte.

Der dunkle Frack, die gedeckte Weste und die Fliege sowie die weißen Baumwollhandschuhe sind auch heute noch seine Arbeitskleidung, man könnte auch sagen, seine ‚Uniform'. In krassem Gegensatz zu diesem förmlich-steifen Outfit steht seine lange gelockte Haarmatte, die er mit Schwung nach hinten zu werfen pflegt. Eine Geste, die für ihn so typisch ist wie die nach vorne gerichtete Haltung, mit der er das obligatorische Silbertablett vor sich her balanciert.

Während Mrs. Sophie früher rauschende Feste gab, feiert die Witwe ihre Geburtstage mittlerweile nur noch im engsten Kreis. Da ihr niemand näher gestanden hat als ihre verstorbenen Ehemänner, veranstaltet sie jedes Jahr in ihrer wunderschönen

Jugendstil-Villa ein Dinner für ihre Verflossenen, insgesamt vier an der Zahl. Das Ritual soll auch dieses Jahr an ihrem 90. Geburtstag stattfinden. Wie immer mit der tatkräftigen Unterstützung ihres Butlers.

Jakob war tagelang mit den Vorbereitungen beschäftigt und steht jetzt neben der „Vom-Winde-verweht-Treppe“, die Mrs. Sophie vorsichtig, aber immer noch grazil im schwarzen Seidenkleid mit schwarzer Spitze hinabsteigt. Die Haare hochgesteckt, auf der spitzen, aristokratisch wirkenden Nase eine kleine, randlose Brille, um den Hals und an den Fingern Brillanten, die die Falten und Fältchen überstrahlen, ist sie wahrlich eine Grande Dame. Als sie die letzte Stufe erreicht hat, verbeugt sich Jakob. „Guten Abend, Mrs. Sophie!“, sagt er galant.

„Guten Abend, Jakob“, erwidert die alte Dame mit einem süffisanten Lächeln.

„Mrs. Sophie, darf ich mir die Bemerkung erlauben, Sie sehen heute wieder bezaubernd aus. Schwarz steht Ihnen besonders gut!“

Mrs. Sophie fühlt sich geschmeichelt.

„Darf ich Sie zu Ihrem Tisch bringen?“ Der Butler reicht der alten Lady den Arm und führt sie an die Kopfseite der aufwändig gedeckten Tafel. Feines Linnen mit Monogramm, ziseliertes Besteck und mehrarmige Leuchter aus Sterlingsilber mit brennenden Kerzen verbreiten den romantisch-morbiden

Charme vergangener Luxuszeiten. Das schwarz-weiß gefleckte Fell mit Kuhkopf, das auf dem Marmorboden liegt, passt eigentlich nicht dazu, ist aber ein Reisemitbringsel von Ehegatte Nr. 4 und deshalb in Ehren zu halten.

„Ach, des sieht aber gut aus. Chapeau, Jakob! Komme denn au alli?“

„Sie werden alle bei Ihrem Geburtstag zugegen sein, Mrs. Sophie“, beruhigt sie Jakob und rückt den Stuhl der Lady zurecht, damit sie sich setzen kann.

„Un sinn genug Plätz indeckt?“ Mrs. Sophie lässt besorgt ihren Blick schweifen, nachdem sie am Tisch Platz genommen hat.

„So wie sie es wünschten, Miss Sophie.“ Jakob wirft demonstrativ seine Haarmatte nach hinten. „Für alle ist eingedeckt. Und hier kommt auch schon der Sherry.“ Jakob schenkt der alten Lady formvollendet ein. Doch Mrs. Sophie rührt das Glas noch nicht an, sondern flüstert hinter vorgehaltener Hand: „Jakob, sag mir doch erscht einmal, wo minner Arthur sitzt!“

„Sir Arthur habe ich hierhin platziert, Mrs. Sophie.“ Jakob deutet auf den Stuhl rechts von Mrs. Sophie. „Ganz in Ihrer Nähe.“

Mrs Sophie wendet den Blick zur Seite und schwelgt seufzend in Erinnerungen:

„Ach, Arthur, weisch noch …? Damals … Unsere Hochzeitsreise nach Paris… Die Stadt der

Liebe. Wie verliebt mir doch ware. Und wie gut ausg'sehn du hesch, in dinem englische Nadelstreifeanzug un de schwarzweiße Lackschuh."

„Fürwahr: Ein Gentleman vom Wasserscheitel bis zur Ledersohle", bestätigt der Butler förmlich mit einer angedeuteten Verbeugung.

„Aber, Arthur, des mit dem Zimmermaidli, des war nit die feine englische Art!", echauffiert sich Sophie, geht aber gleich wieder mit ihrer Stimme runter. „Immerhin warsch du de erschte in de Besekammer und nit dieser Tennisspieler. Aber von de Besekammer über die Fenschterbrüschtung zurück in unsri Suite, Arthur, des war wirklich zu g'fährlich! Also mach mir bitte kei Vorwurf, au wenn ich dir des Fenschter vor de Nas zuknallt hab." Mrs. Sophie seufzt und tupft sich mit dem Spitzentaschentuch ein paar Tränen weg. „Aber uff dinni englische Ländereie, Arthur, do bass ich jetzt wirklich gut uff. Ach, Arthur!" Die Lady schnieft hörbar in das Taschentuch, das ihr der Butler gereicht hat, und ist sichtlich mitgenommen. Jakob will sie ablenken.

„Mrs. Sophie, darf ich Ihnen zeigen, wo ich für Monsieur Pommeroi aufgedeckt habe?"

„Mein Jacques Pommeroi?"

„Aber ja, Mrs. Sophie, Ihr Monsieur Pommeroi." Mit einem „Bitteschön" zeigt er auf den Platz hinten links an der Tafel.

„Ha, des isch aber scheen. Scheen wit weg. Dann krieg ich schon nit die Fahn so ab, von der alte Schnapsleich."

Der Butler neigt zustimmend sein Haupt. „Santé!", prostet Mrs. Sophie und trinkt. „Also, Jakob, von mir us kannsch schun mol die Supp hole", schlägt sie vor.

„Selbstverständlich, Mrs. Sophie, Ihre Gäste sind sicher hungrig."

Kurz darauf kommt Jakob mit einem Teller auf dem Silbertablett zurück und stellt ihn auf Mrs. Sophies Platz. „Voilà, Soup Pomme de Terres, eine köstliche Kartoffelsuppe nach Art des Hauses."

„Oh, mini Lieblingssupp! Dess isch jetzt aber ä Überraschung. Un waisch was, Jakob, dazu könnt isch noch en Sherry drinke."

„Sherry zur Suppe, selbstverständlich, Mrs Sophie. Eine Frage noch: Die gleiche Prozedur, wie im letzten Jahr?"

„Die glisch Prozedur wie jeds Johr, Jakob. Sag emol, isch der Shery au wirklich trocke?"

„Wenn ich mir die Anmerkung erlauben darf, der Sherry ist so trocken, dass er staubt", sagt Jakob und schenkt der Lady erneut ein. Die nimmt das Glas, schaut auffordernd zu ihrer Rechten, wo der Butler steht. „Arthur!"

"Cheers, my Dear!", erwidert Jakob mit englischem Akzent und nimmt einen Schluck.

Mrs. Sophie wendet sich dem Platz hinten links zu und hebt erneut das Glas.

“Jacques, mei oller Pommeroi!“

„Mrs. Sophie muss ich…?“

„Komm Jakob, du mir doch den Gfalle!“

„Also gut, aber nur um Ihnen eine Freude zu machen, Mrs. Sophie.“ Der Butler eilt um den Tisch und schenkt den Sherry in das Glas.

„Jacques!” Die Witwe ergreift das Glas und prostet dem Butler, der stellvertretend hinter Pommerois Stuhl steht, zu.

„A votre santé, Cherie!“

„Mon amour, alles Gute zum Geburtstag!“ Wieder nimmt Jakob einen Schluck Sherry und spült den Inhalt mit leicht verkniffenem Gesicht hinunter..

“Oh, Jacques“, schwärmt die Lady, „Du warst schon ein Charmeur! Was hast du immer zu mir gesagt?“

„Je t’adore!“, erinnert sich der Butler. „Was auf gut Deutsch ‚Ich bete dich an‘ heißt.“

„Richtig, je t’adore! Leider, mein Lieber, hesch du de Alkohol noch mehr angebetet als mich.“

„Tatsächlich war Monsieur Pommeroi, Gott hab ihn selig, selbst sein bester Kunde“, stimmt Jakob zu.

„Wirklich schade, Jacques, dass des dini Leber uf Dauer nit mitg‘macht het. Aber ‚Veuve Pommeroi‘ klingt schon gut. So gut ich der Lade bei dir nie gloffe. Wo bleibt eigentlich mein Antonio?", wundert sich Mrs. Sophie, nachdem sie ihr Glas abgesetzt hat.

„Signore Antonio Arnoldi ist soeben eingetroffen!", verkündet Jakob und zeigt auf den Stuhl zwischen Pommeroi und Mrs. Sophie.

„Ach ja, mein Antonio! Die letzten werden die ersten sein. Eins muss man euch Italienern ja lassen: feurige Liebhaber seid Ihr!"

„Amore, amore, amore …", singt der Butler und geht einen Platz weiter.

„Ja, die wahre Liebe …" Die alte Dame schaut versonnen in ihr Kristallglas. „…galt leider deinem roten Ferrari. Und diesen Boxenludern bei den Autorennen." Mrs. Sophie kann eine gewisse Bosheit in ihrer Stimme nicht verhehlen. „Zu dumm, dass dich dein heiß geliebter Ferrari so im Stich gelassen hat."

„Die Bremsen", konstatiert Jakob mit betrübtem Gesicht, „haben einfach versagt …"

„Und die Lebensversicherung wollte erst nit zahle, aber alles gut! Vergesse ma einfach die alte Geschichte. Auf dein Wohl, Antonio!"

Der Butler sträubt sich. „Nein…Miss Sophie, muss ich schon wieder …?"

„Jakob!! Jetzt stell dich doch nit so an! Antonio!"

„Cin cin!", tönt der Butler gottergeben zurück und spült den Sherry hinunter. Die alte Dame wendet ihren Blick nach rechts. „Arthur!"

Als die Lady ihr Glas hebt, rennt der Butler zur anderen Seite der Tafel, wobei er prompt über den Kuhkopf stolpert. Am richtigen Platz angekommen, ergreift er das Glas und schenkt sich ein. „Hoppla, Stößchen, my Dear!"

Mrs. Sophie lächelt ihm glückselig zu. Dann schaut sie sich suchend um. „Jetzt fehlt eigentlich nur noch mein Oberscht. Wo isch der denn scho wieder?"

„Aber Mrs. Sophie, bei Oberst Winter weiß man doch nie, wo er steckt."

„Stimmt! Besonders nicht, wenn er in der Kaltmamsell steckt."

Jakob hüstelt. „Aber Mrs. Sophie!" Der Butler holt zu einer galanten Geste aus und deutet nach hinten. Er ist soeben eingetroffen."

„Na dann!" Die Witwe erhebt ihr Glas in die entsprechende Richtung und sagt: „Hallo Justus, warst Du schon wieder auf der Pirsch, mein alter Schwerenöter? Eigentlich hätt' ich zu deinen Ehren ja ein Pilzgericht servieren lassen müssen. Aber das letzte ist dir ja nicht so gut bekommen."

Der Butler kann sich ein Kichern nicht verkneifen.

„Zu dumm, dass in dem Waldpilssalat ein Knollenblätterpils war", fährt die Witwe fort. „Deine flotte Kaltmamsell, die ihn zubereitet hat, war lange in Untersuchungshaft, wurde aber mangels Beweisen freigesprochen. Und du schaust jetzt die Radischen von unten an. Des hesch jetzt defun. Trotzdem: Auf dein Wohl, Justus! Man soll ja nit so giftig und nachtragend sin. Dini Wäldereie hab ich übrigens beschtens verpachtet und die Pension isch au ganz ansehnlich."

Währenddessen eilt der Butler zum Platz des Oberst, schenkt sich ein und erhebt das Glas. „Na dann, auf Dein Wohl, altes Mädchen." Jakob schüttelt sich und trinkt ab. Mit der Flasche in der Hand geht er um den Tisch und begibt sich wieder zu der alten Lady. „Darf ich nachfragen, ob Ihnen die Suppe gemundet hat, Mrs. Sophie?"

„Ja, wunderbar. Jetzt kannsch de Fisch bringe."

Nachdem Jakob abgetragen hat, kehrt er kurz darauf mit einem Teller, den er in seiner typischen Eilhaltung trägt, zurück: „Eine köstliche Fraurelle, eh, Forelle an Blattspinat."

„Un dezu trinke mir jetzt ä trockener Riesling".

„Riesling zum Fisch, Mrs Sophie, sehr wohl! Eine Frage noch: Die gleiche Prozedur, wie im letzten Jahr?"

„Die glisch Prozedur wie jeds Johr, Jakob."

"Arthur!", widmet sich Sophie ihrem Lieblingsgast zur Rechten.

Der Butler schenkt ein, wobei man ihm anmerkt, dass ihm der Alkohol schon etwas zu Kopf gestiegen ist. "My Dddear!", antwortet Jakob hingerissen.

„Un wie geht's minnem Oberscht?", schäkert die alte Dame mit Blick auf das Tafelende. „Sauberhaft wieder hier zu sein, mein altes Mädchen, Du wirst mit jedem Glas – hüübscher", lacht beziehungsweise lallt der Butler.

„Jakob! Jakob, wo bisch du denn? Horsch, jetzt kannsch schun mol des Geggeli hole."

„Das Gegeg..? Eh, wie bitte?", fragt Jakob.

„Na, des Geggeli oder Hinkelsche, wie man hier sagt."

„Ssseehr wohl, Mrs. Sophie, das Hähhän-chen …"

Der Butler verschwindet und kommt mit dem Hauptgang wieder, wobei er prompt über den toten Kuhkopf auf der Erde stolpert. Er läuft Gefahr, das Gleichgewicht zu verlieren, balanciert und schafft es gerade noch, das Gericht vor Mrs. Sophie abzustellen. „Ach, guck doch mol, was für ä scheener Vogel", freut sich Mrs. Sophie.

„Wenn ich mir erlauben darf, ein stra-stra-strammer Gockel!!"

„Jakob, un dezu trinke mer jetzt en Winzersekt vom alte Pommeroi."

„Wisersex ... Wisersekt …, jawohl, Mrs. Sophie. Allo wenn ich mir die Frage ..."

„Jakob, frog nit. Die glich Prozedur wie jeds Johr!"

„Sssehr wooohhl, die gleiche Pozidur wie jeedes

Jahr."

„Komm, mach mer mol des Glas voll. Sei nit so knausrig."

Jakob, nicht mehr ganz Herr seiner Sinne, schenkt dieses Mal in hohem Bogen ein. Mrs. Sophie trinkt mit Genuss. Aber plötzlich grübelt sie und überlegt. „Jakob, du sag emol, was isch eigentlich us minem letschte Verehrer worre?"

„Gnädige Frau meinen sicher die-die-diesen schnöööseligen Golflehrer?"

„Natürlich, mein ich de Golflehrer."

„Aber Mrs. Sophie, den hat man dddoch erschossen am 9. Loch ge-gefunden."

„Ach, ja …"

„Whole in one", kommentiert Jakob und macht dabei ein Duckface.

„Stimmt! Wie konnt' ich des nur vergesse! Aber de Mörder un die Tatwaff het ma nie gfunde, oder?"

„Nnneein. Wahrscheinlich ggut verst-steckt." Jakob kichert und geht hinter Mrs. Sophie schwankend auf die Kuh zu. Er stolpert erst einmal darüber, dreht sich aber sofort wieder um und bückt sich umständlich. Dann hält er triumphierend eine Pistole in die Höhe und schwenkt sie.

„Jakob!", ruft Mrs. Sophie, die nicht sieht, was hinter ihr vor sich geht.

„Wo blibsch denn?"

Schnell versteckt der Butler die Pistole wieder im Kuhkopf und eilt an die Seite der alten Lady.

“Jakob, lass uns auf die Liebe anstoßen!“

„Jawolll! Auf die Liieebe, Mrs. Sophie!“

Sophie neigt ihren Kopf nach rechts. „Arthur!“

„Auf die Liebe, my dear!“, antwortet der Butler lallend.

“Jacques, mein Pommeroi! Auf die Liebe und den Suff!“

Jakob hechtet um die Tafel. „Heschlichen GGlüchwunsch, mon amour!“

„Justus!“ Mrs. Sophie ist unerbittlich.

Der Butler macht ein paar Schritte auf die andere Seite der Tafel. „Weisch Du, dass Du sehr schön bist. Du bis das schööönste Mädschen - hier am Tisch.“ Jakob, der mittlerweile stark angeheitert ist, bekräftigt dieses Kompliment mit einem kräftigen Hicks, geht auf Mrs. Sophie zu und kippelt albern mit ihrem Stuhl.

„Huch, Jakob, Kerle, was machsch denn. Ich bin doch kein Fallobst! Apropos: Zum Abschluss hätt isch gern noch ä bissli Obscht.“

„Sehr wwwohl, Mrs. Sophie …Viieelleicht ein paar Tr-trauben?“

„Nai, Jakob, wo denksch hin, natürlich en Obschtler!“

Der alte Butler schüttelt sich, stolpert beim

Hinausgehen über die Kuh und ebenfalls, als er mit der Schnapsflasche zurückkommt. Auch beim Sprechen braucht er mehrere Anläufe, aber es klingt immer nur wie „De hehhedä dähe dädädäd?“

„Die glisch Prozedur wie jeds Johr, Jakob“, antwortet ihm die alte Lady, die schon weiß, was er sie fragen will. Jakob nimmt die Schnapsflasche und will einschenken. Als das nicht sofort klappt, nimmt er Anlauf und stolpert prompt wieder über das Kuhfell auf dem Boden. Mit dem entsprechenden Schwung füllt er feucht-fröhlich die Gläser und verschüttet das meiste auf dem Tisch. „Miss Sophiieee, ich glaube, es reeegnet!“

Doch die alte Dame lässt sich nicht beirren. „Jakob, mach jetzt keine Visematente!“ Und nach rechts gerichtet: „Arthur!“

Jakob ergreift das Glas. „Cheers!“

„Antonio!“

Jakob läuft um die alte Dame herum. „Oh sole mio!“, trällert er talentfrei und verzieht das Gesicht, bevor er den Inhalt des Glases abkippt.

”Jacques!”

„A votre colliér!”, lallt der Butler einen Platz weiter, stolpert zurück Richtung Sophie und schaut der alten Lady tief in den Ausschnitt. Doch Mrs. Sophie ist noch nicht fertig. „Justus!“, ruft sie mit einer Stimme, die keine Widerworte erlaubt.

Der Butler torkelt über das Kuhfell um den Tisch zum Platz des Oberst und hält dessen leeres Glas gegen das Licht. Da kein Tropfen mehr in der Flasche ist, versucht er, verschüttete Flüssigkeit von der Tischdecke in sein Glas zu befördern. Als dies nicht gelingen will, nimmt er einfach die Blumen aus der Blumenvase und trinkt daraus. „I kill that cat!", hickst er verbissen.

Mittlerweile scheint selbst Mrs. Sophie genug zu haben.

„Meine Lieben, des war jetzt aber e scheeni Feier!"

Der sturzbesoffene Butler ringt mühsam nach Worten. „Sschöööne Feier, Mrs. Soosoophie."

„Ich verabschied' mich jetzt …" Butler Jakob schaut sie überrascht an, hat aufgrund des Alkoholkonsums ernsthafte Schwierigkeiten, seinen Blick zu fixieren. „Miss Sssophie, darf ich Sie um die Eeecke bringen?"

„Ja, Jakob, bring mich bitte uff min Zimmer. Es isch schun schpät und Du bisch jo ganz scheen abgekämpft. Isch glaub mir gehn jetzt mol nuff."

Der Butler reagiert nicht, weil er zu sehr mit sich selbst beschäftigt ist. Er nimmt den Blumenstrauß und geht zur Kuh, während er in vollen Tönen singt.

„Ich breechh die Herrrzen der stolzesten
Frraauuun …" Und als er das Kuhfell an sich zieht: „Mrs. Sophie, warum hawen Sie soo große Oohren?"

„Jakob, Du Rindvieh. Du redsch mit der Kuh! Mich sollsch doch ins Bett bringe un nit die Kuh!“

Der Butler besinnt sich, drückt das Kreuz durch und nimmt mühsam Haltung an. „Ganz wwie Sie wwwüschen, Mrs. Soopphie!“ Schwankend reicht er der Lady seinen Arm.

„Ach, Jakob“, sagt diese jetzt wehmütig, als sie steht, und tätschelt seine Hand. „Der Einzige, der mir immer treu ergebe war, das bisch du!“

Jakob hat noch immer Mühe, seine Augen zu fixieren und macht einen Kussmund, trifft aber nicht. Dann wirft er demonstrativ seine lockige Haarmatte zurück und schmeißt sich an die Lady ran.

„Ach, was bisch du so stürmisch, mach mol langsam. Ä alti Frau isch kei D-Zug.“

„Mrs. Sooophie, eihhne Frage noch: Die geisch Polidur wie im letzten Jahr?“

„Die glisch Prozedur wie jeds Johr, Jakob!“

Der Butler kokettiert zwinkernd: „I do my best, Mrs. Sophie!”, sagt er mit verführerischem Timbre in der Stimme. Und mehr zu sich selbst:

“Da muss ma durch!“

Dank

Mein Dank gilt besonders den Autorinnen und Autoren dieser Anthologie, die mir als Herausgeberin ihre Geschichte anvertraut und zu dieser Vielfalt an Ideen beigetragen haben. Die Arbeit mit Euch war wie immer konstruktiv und spannend, auch wenn mir Euer schwarzer Humor manchmal Angst macht … Danke sage ich unseren Testlesern und Lektorinnen, die mit genauem Blick Grammatik und Rechtschreibung überwacht haben. Sollte sich doch ein Fehler eingeschlichen haben, war es nicht Eure Schuld.

Besonders bedanken möchte ich mich bei Ingrid Reidel, die uns das originelle Cover erstellt und auch beim Coverfoto persönlich Hand angelegt hat.

Vielen Dank allen, die mich und jede Autorin bei der Arbeit an dieser Kurzkrimi-Sammlung unterstützt und ermutigt haben.

Chris Silberer, im September 2017

Im crimetime-Verlag erschienen:

MORDSMOMENTE
HAARSCHARF UND ZABBEDUUSTER
KORBLEGER
GUTE WICHTE BÖSE WICHTE
ZWANGSVERMÄHLT
DIE WERBEKATZE

Weitere Information auf den Folgeseiten sowie unter www.crimetime-verlag.de

Dort können auch signierte Bücher ohne zusätzliche Versand- und Portokosten direkt bestellt werden:

Alle Bücher sind im Buchhandel erhältlich.

BLOODY MARIES EISKALT …

Ein Germanistikprofessor, der Goethes letzte Worte, röchelt … Der Denkfehler eines Frankfurter Finanzhais … Getriebene und Gedemütigte, die zu Tätern werden in Schwalbach, Hofheim und anderswo. Die spannenden Kurzkrimis der „Bloody Maries“ beleuchten Momente, in denen das Dunkle aus einem Menschen hervorbricht, und sei es nur für einen fatalen Augenblick. Schaurig-schöner Mix mit Cocktail-Rezepten und Illustrationen von Roxana Ené.

MORDSMOMENTE, ISBN 978-3-9813749-5-7, 9,95 €

Mord mit Genuss

Zehn perfekt ausgereifte Kurzkrimis mit dem intensiven und berauschenden Aroma von Mord und Totschlag, kombiniert mit leidenschaftlich gehegten badischen Reben und charaktervollen Weinen die Cuvée von beidem besticht! Es wird erdrosselt, gestürzt, erwürgt, erschlagen und vergiftet, in alten Gewölben mit polternden Weinfässern und eiskalter Absicht. Eine Weinreise durch Baden mit gewiss fatalem Ende! Gehaltvolle Krimis von Autorinnen der Region, alle ‚Mörderische Schwestern'.

ISBN-13: 978-3897357938 9,90 €
im Verlag Regionalkultur

Kleines Hessen-Lexikon

Hessisch	Deutsch
Äppelwoi	*Apfelwein*
babbele	*reden*
Bagaasch	*Gesindel*
Bembel	*Apfelweinkrug*
Bethmännchen	*Frankfurter Marzipanspezialität*
bissi	*bisschen*
Blunse	*Blutwurst*
Christkindsche	*Naivling*
dabbisch	*ungeschickt*
Dilldapp	*trottelige Person*
Dippe	*Topf*
Dippemess	*Frankfurter Volksfest*
Dorschenanner	*Durcheinander*
dozze	*fallen*
Drootwaaschwalb'	*Dame aus dem horizontalen Gewerbe*
dribbe	*drüben*
EiGuudewie?	*Wie geht es dir?*
Grie Soß'	*Frankfurter Soßenspezialität mit sieben Kräutern*
gugge	*schauen*

kaan Muckser	*kein Mucks*
Kneipsche	*kleines Messer*
Labbe	*Lappen bzw. nordischer Volksstamm*
Lumbeseckel	*hinterhältige Person*
Mickeschiss	*unwichtige Kleinigkeit*
naggisch	*nackt*
Pinsje	*wehleidige Person*
rappelderr	*sehr dünn, nichts dran*
rumdabbe	*ohne Ziel herumlaufen*
ritzerood	*leuchtend rot*
schnäubisch	*wählerisch beim Essen*
Schnuggelsche	*etwas zum Naschen*
Trüb Tass	*langweiliger Mensch*
uffgeblase	*eingebildet*
verbutze	*aufessen*
verdorschde	*verdursten*
Welschesdaach	*Frankfurter Feiertag Dienstag nach Pfingsten*
worschdegal	*gleichgültig*
Wutzelchen	*Schweinchen*
Zabbeduuster	*stockdunkel*

Crimetime-Verlag – Zeit für Gänsehaut